读好书系列 彩色插图版

世界上下五千年

U0701844

墨 人◎主编

吉林出版集团股份有限公司

图书在版编目（CIP）数据

世界上下五千年 / 墨人主编. -- 长春:吉林出版
集团股份有限公司，2011.11
（读好书系列）
ISBN 978-7-5463-6939-6

Ⅰ. ①世… Ⅱ. ①墨… Ⅲ. ①世界史—青年读物 ②世
界史—少年读物 Ⅳ. ①K109

中国版本图书馆 CIP 数据核字（2011）第 219524 号

世界上下五千年
SHIJIE SHANGXIA WUQIANNIAN

主　　编　墨　人
出 版 人　吴　强
责任编辑　尤　蕾
助理编辑　杨　帆
开　　本　710mm×1000mm　1/16
字　　数　100 千字
印　　张　9
版　　次　2011 年 11 月第 1 版
印　　次　2022 年 9 月第 3 次印刷

出　　版　吉林出版集团股份有限公司
发　　行　吉林音像出版社有限责任公司
地　　址　长春市南关区福祉大路5788号
电　　话　0431-81629667
印　　刷　河北炳烁印刷有限公司

ISBN 978-7-5463-6939-6　　　　　定价:34.50 元

前 言

QIANYAN

　　5000 年前，生活在美索布达米亚的苏美尔人创造了最早的文字，并用以记录各种事宜，自此，人类文明便应运而生。此后，历经岁月的洗礼，人类一步步走到了今天。我们不知道漫长的人类历史还会延续多久，但回眸往昔，五千年的古国文明、社会变迁、战争战事、风云人物等，犹如涓涓细流，汇聚成了一条波澜壮阔的历史长河，在我们乃至后人的眼前汹涌流过。当然，这漫长的历史长河并不是源远流长、波澜不惊的水面，从中涌现出来的许许多多流传百世、沉浮史海的人和事，就犹如巨波狂澜卷起斑斓的浪花。正是那些浸润着腥风血雨、兴亡与沧桑、壮丽与悲怆的"浪花"，才使得人类文明更加精彩绝伦。

　　历史是人类文明的沉淀和延续。读史使人睿智，因为历史蕴含着经验与真理。为了方便读者在繁忙的工作和学习之余对世界历史有一个全面的了解，我们特编此书。本书浓缩了世界上下五千年的沧桑变迁，展现了五千年的辉煌历史，将人类从远古时期至 20 世纪末的历史娓娓道来。

　　希望每位读者通过阅读此书都会有所收益。

目录
MULU

人类的起源

人类诞生之初，世界到底是什么样子的？外国与中国一样，都有着充满神话色彩的传说。

传说，上帝用七天创造了世界，在前五天创造了日月星辰、山川河流、动植物等。这时，上帝感觉非常寂寞。于是在第六天，上帝按照自己的形象，用泥土塑造了一个男人，给他起名叫

◆ 人类的祖先（猿猴）

亚当。因为看亚当孤身一人很孤独，上帝便又给亚当造了一个女性配偶，名为夏娃。这夫妻二人根据上帝的安排住在伊甸园里。这里的鸟兽虫鱼全听他们的话，每天都是阳光明媚，树上结满了美味的果子。亚当、夏娃就以此为食，过着无忧无虑、和谐美满的生活。

伊甸园中有株善恶树，上帝曾警告过亚当："园中的果子你可以随意享用，唯有善恶树上的果子你绝对不能吃，否则必受重罚！"亚当

◆ 亚当和夏娃

与夏娃也就遵从上帝的吩咐，从不去善恶树那里。

此事被可恶的蛇知道了，蛇便引诱夏娃去吃善恶果。此时的蛇相貌美丽，声音悦耳，很讨夏娃的喜欢。夏娃禁不住蛇的一再劝说，便摘了一个善恶树上的果子，咬了一口，顿觉心明眼亮。她明白了："这原来是智慧果。"夏娃又把果子给了亚当，亚当吃了之后也变得聪明无比。以前，他们都是一丝不挂的，这时都感到非常羞耻，连忙采来树叶、藤条系在腰间遮体。

上帝知道此事后，严厉地惩罚了蛇，不仅把它变得面目可憎，还罚它只准用肚皮走路。亚当、夏娃也被上帝逐出了美丽的伊甸园，到世间耕种土地，繁衍后代。亚当、夏娃也就成了西方传说中人类的祖先。

这毕竟只是传说，那么，人到底是从哪里来的呢？

目前比较一致的看法是，人类来自非洲。非洲最早的原始古猿生活在距今2 800万年前。那时候的古猿还是一种四足行走的林栖动物，

其类人猿的特征并不明显。此后又经过漫长的世代演变，又出现了森林古猿。它们虽仍生活在树上，但已经具有某些与人类相似的特征。比如，它们的下颌与原始人的下颌就十分相似，而且也能直立行走。这种古猿在亚洲、非洲、欧洲均有

◆ 南方古猿化石

分布，但从发现的化石来看，非洲的最早，所以说人类起源于非洲。

大约距今400万年前，地球气候发生剧烈变化，热带林区大为减少，这使生活在较寒冷地区的森林古猿被迫从树上来到地面。为适应新的生活，他们逐渐养成了直立行走的习惯，而把双手解放出来从事其他活动。研究表明，他们此时已拥有语言，并能使用天然工具。这可以看作是"正在形成中的人"。这种古猿在中国、巴基斯坦、印度均有分布。

此后又过了上百万年，古猿在与自然界的斗争中，终于进化成"完全成形的人"。

按自然的发展，这种"完全成形的人"又分为"能人""直立人"

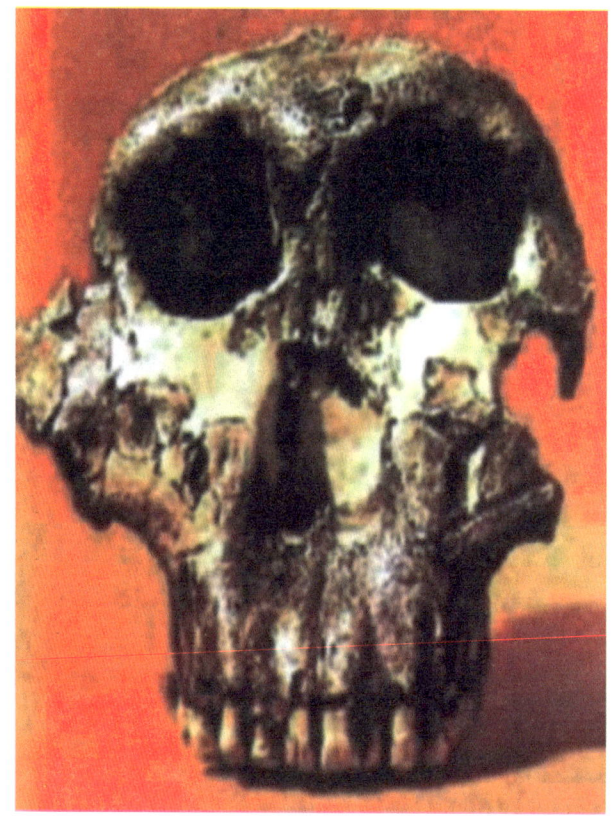

"智人"三个发展阶段。

非洲"能人"的遗骨化石于1961年被发现，其生活年代距今约180万年前。从化石看，他们的外貌更加接近于现代人，脑容量也较以前有了增加。

"直立人"出现在距今180万～30万年前。如中国的"蓝田人""北京人"，印尼的"爪哇人"就属于"直立人"。他们对环境的适应能力已高于"能人"。他们以打猎为生，已懂得将木棒削尖与野兽进行搏斗。这也许是人类最早使用的"长矛"吧。这使他们的手变得更加灵活。

"智人"生活在距今约20万年，在世界很多地区都有分布。如中国的"丁村人""长阳人""山顶洞人""河套人"等。我们可以认为"智人"是现代人类的直接祖先。他们在体质上与现代人已无太大差别，区别主要是在劳动能力与所掌握的知识上。

早期猿人：东非"能人"人头骨化石

这种"完全成形的人"在世界很多地区都有分布，但以非洲"猿人"的年代最为久远，所以很多学者都支持人类源于非洲的学说。

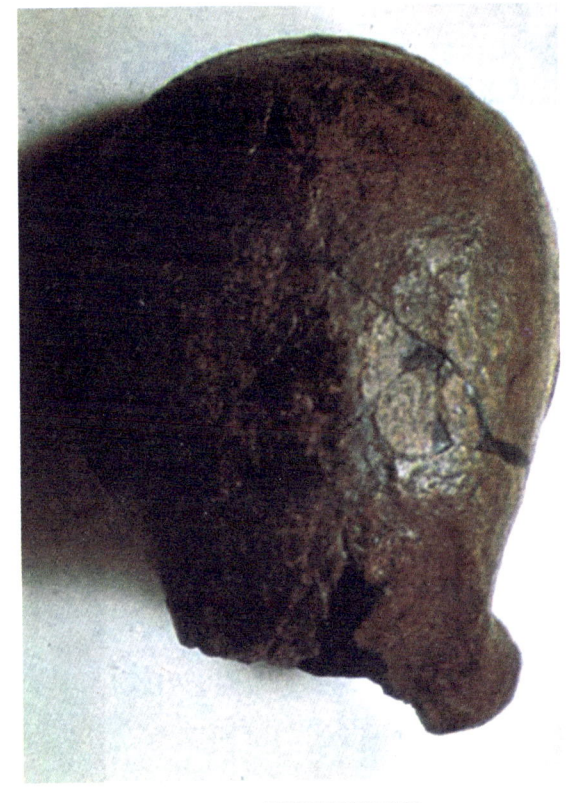

◆ 爪哇猿人

尼罗河畔的神鹰

大约五六千年以前，在非洲北部尼罗河畔即古埃及文明的发源地，就有人类定居。最早，他们过着原始的生活，使用粗笨的镐锄开垦土地，修建渠坝，种植谷物。经过不知多少代的辛勤劳作，他们终于使尼罗河畔成了富裕的地方。

随着粮食衣物的丰足，古埃及慢慢地从原始社会进入奴隶社会，形成40多个独立的小领地。那时候，古代的部落都有把崇拜的动物作为图腾的习惯，每个领主都有自己崇拜的神灵。为了争夺土地和奴隶，这些领主都分别建立了自己的军队，开始了漫长的兼并战争，并逐渐形成上埃及、下埃及两个大王国。位于尼罗河上游的是上埃及王国，国王戴着白冠；位于尼罗河下游的是下埃及王国，国王戴着红冠。两个国王都想

◆ 国王与王妃像·古埃及

统治整个尼罗河流域，都想扩大自己的地盘。终于有一天，他们在尼罗河畔进行了一场决战。

上埃及国王统帅他的军士冲锋陷阵，旗手挥舞着绘着百合花的旗帜。顽强的下埃及国王带着他的士兵，打着蜜蜂图案的国旗迎战。人们拿着长矛互相厮杀，鼓声和螺号声不绝于耳。不久，战场上便是一片血红，双方各自掩埋阵亡将士的尸体。

为了取得胜利，上埃及国王美尼斯顾不上休息，带着他的大臣和将领一起祭拜一幅神鹰图。原来，上埃及王国崇拜的图腾是雄鹰。在他们眼中，鹰是一种勇猛的鸟。他们祈求鹰之神的保佑，无往而不胜。

国王带领他的臣民祈祷说："万能的神鹰，请你带着我们飞遍尼罗河吧！"

◆ 彩陶女神·古埃及

后来，又经过三天三夜的激战，美尼斯终于带领他的军队打败了下埃及王国。下埃及国王成了俘虏，他摘下头上红色的王冠，领着他的臣民跪在地上，恭恭敬敬地把王冠献给了美尼斯。从此，美尼斯统

一了整个尼罗河三角洲，建立了统一的埃及王国。为了纪念这次战争的胜利，他把决战的地点命名为"白城"，并在白城建起了都城，取名为孟斐斯城。在庆祝胜利的大会上，美尼斯合戴了白冠和红冠，以示上下埃及的统一，并自称为"上下埃及之王"。于是，臣民载歌载舞，祝福他们的国王，祈求神鹰的保佑，更庆祝他们自己从此可以安居乐业，永远结束那无休止的战争。

◆ 拉薮荷特普及妻诺佛列特像·古埃及

以神鹰为保护神的美尼斯统一埃及后，渐渐地建立起了一套专制的统治机构。国王自然就成为至高无上的统治者，成为神鹰的化身。人们把国王画成神鹰的模样，刻在石壁上。有的石画一直留传到今天。

后来，人们再也不直呼国王的名字，而尊称其为"法老"。大臣朝见法老时，都必须说出一番赞美词，并匍匐在地，吻着法老脚前的土地。

法老死去后，也不像平民那样埋葬，而是要葬在工程巨大的墓地中。保留至今的古埃及金字塔，就是法老的坟墓。当时的人们认为，一级一级升高的金字塔就像是升天的梯子，法老死后会成为神，他要

踏着这架梯子升到天国去。后来人们发掘出的"金字塔铭文"上说："为他（法老）建造起上天的天梯，以便他可以由此到天上。"

从公元前3100年美尼斯统一埃及起，一直到公元前1100年的2 000多年里，埃及经历了古王国、中王国、新王国等。随着岁月的沉淀，埃及逐渐衰落，先后遭到利比亚、亚述等国的入侵。虽然公元前7世纪中叶重获独立，但不久又被波斯帝国和马其顿帝国征服。公元前30年，罗马帝国吞并了古埃及，古埃及从此消亡。

延续近3000年的古埃及王国创造了灿烂的文化。第四王朝法老胡夫的大金字塔高140多米，耸立在尼罗河畔，与它附近大大小小众多金字塔及狮身人面像构成一体，似乎在向今天的人们展示那古老的历史和文明。

特洛伊木马

特洛伊王国位于小亚细亚的西北部。公元前12世纪，特洛伊国王普里阿摩斯妻妾成群，他有50个儿子和50个女儿。王子帕里斯相貌堂堂，英俊聪慧，臂力过人，在众王子中出类拔萃，深受国王的宠爱和重用。

有一天，国王普里阿摩斯非常想念妹妹赫西俄涅，她在希腊很久没有回来了，国王就派帕里斯出使希腊去接赫西俄涅团聚。

出使希腊的途中，风流王子帕里斯遇见了一位貌似天仙的女子，顿时目眩神迷，把自己的使命忘到九霄云外。

这个美丽的女子就是后来引发特洛伊战争的海伦，她是斯巴达的公主。帕里斯遇见她时，她已结婚。当她还是个小女孩时，她的美艳之名就已传遍了希腊。雅典国王忒修斯曾慕名而来把她劫走，后来她的两个哥哥趁忒修斯不在的时候，便把她救出，带回了斯巴达。海伦

◆ 特洛伊战争木马计石雕

被她的后父斯巴达国王廷达瑞俄斯养在深宫，出落得更加美丽动人，前来求婚的王公贵族络绎不绝。斯巴达国王最后选择了墨涅拉奥斯当他的女婿，并将王位也传给了他。

帕里斯对海伦一见钟情，不能自拔，而海伦对这位举止高雅，穿着华丽，有着长长卷发的英俊王子也非常有好感。帕里斯一门心思地讨好、取悦海伦，渐渐使海伦不能自已，她隐藏不住心中的喜欢，以王后的身份用特殊的礼遇接待了这位英俊的王子。而当时又正值斯巴达国王墨涅拉奥斯不在国中，帕里斯趁此机会毫无顾虑地亲近海伦。他用美妙动听的琴声、温馨甜蜜的言辞和炽烈的爱情诱惑着她，终于使她芳心寸乱，忘记了自己是位有夫之妇，把全身心都给了帕里斯。接着，帕里斯买通了希腊武士，带着放弃王后身份的海伦上了自己的

◆ 作为派往斯巴达的使者，帕里斯犯下的反对人民权利和违反客人礼仪的罪恶行为立即产生了严重的后果，引发了特洛伊战争

船队，逃离斯巴达。帕里斯无法回去向父王复命，索性将船只停泊在一个美丽的小岛上，他和海伦逍遥自在地陶醉在爱情的欢乐与幸福之中。

墨涅拉奥斯回国知情后，怒火中烧，决定立即发兵攻打特洛伊城。在宫廷大臣的劝说下，他和奥德修斯组织了希腊和平使节团，来到特洛伊，找到特洛伊国王普里阿摩斯，以求通过和平方式接回海伦。但没想到帕里斯和海伦在美丽的小岛上还没有回到特洛伊。特洛伊诸王子虽然承认帕里斯的行为不对，但也不甘心就这样束手将海伦送回去，于是谈判破裂。

希腊使团回国后，把情况通报给国王和臣民，引起了希腊各城邦的公愤。墨涅拉奥斯的哥哥——迈尼国王阿伽门农，邀请希腊各路英雄豪杰，调集10万大军，1186艘战船，组成声势浩大的希腊联军，远征特洛伊王国，特洛伊战争爆发。

这场争夺美女海伦的战争是很激烈的，也是很残酷的，双方都付出了沉重的代价。

帕里斯得到消息，立刻带着海伦回到了自己的国家——特洛伊。那时，战争早已打响。墨涅拉奥斯向他挑战，帕里斯也毫不示弱，二人单独对阵，打得难解难分，最终以帕

◆陶瓶画 斯巴达美女海伦与特洛伊国王普里阿摩斯

12

里斯受伤而告终。帕里斯在另一场战斗中射死了希腊英雄阿喀琉斯，而自己也被希腊神箭手菲罗克忒忒斯用毒箭射死。帕里斯的妻子俄诺涅痛不欲生，跳进了帕里斯的火葬堆中，和丈夫一起化为灰烬。海伦在帕里斯战死以后，又嫁给了帕里斯的兄弟得伊福玻斯。

　　特洛伊战争进行了10年，难分胜负，双方人员死伤惨重。希腊预言家告诉自己的将领，战争不能再这样硬拼下去了，只有智取，才可能获取最后的胜利。前线的将领集聚一堂，商讨对敌大计，伊塔刻国王——足智多谋的奥德修斯想出了木马计，获得大家一致赞同。

◆ 木马计——这是特洛伊战争中希腊取胜的决定性因素。

　　根据奥德修斯的计策，希腊人制造了一匹巨大的木马。在一次战斗中，奥德修斯和许多希腊名将都藏进马腹，其余希腊将士则佯装败退，他们焚毁了军营中的物资，作仓皇撤退的样子。实际上，军队都乘船转移到附近的海湾隐

蔽起来。特洛伊人以为这次敌人彻底失败了，就全部冲杀出城，占领了这个地方，接着发现了这匹巨大的、制造精良的木马，它引起了特洛伊将领的注意。在检查这个木马时，发现马腹下隐藏着一个人，抓出来一看，原来是一个希腊士兵。特洛伊人立刻对他进行审问。这个人叫西农，是希腊将领特意留下诱骗特洛伊人上当的。他不仅胆量过人，而且能说会道。他告诉特洛伊人，希腊统帅为了祈求神灵保佑军队平安撤退回国，要杀他祭神，他藏到木马腹下，才得以死里逃生。特洛伊将军急切地问他："这个木马是个什么玩意？"他说："这个木马是希腊人献给智慧女神雅典娜的礼品，谁把这个礼品献给女神，谁就能受到女神的庇佑。"西农巧妙的谎言果然骗过了特洛伊人，但这时特洛伊的祭司拉奥孔从人群中走出来，他提醒人们说："这木马很可能是敌人的一种作战机器，不如将这个怪物抛进大海或用火焚毁掉，以免引起后患。"他的话遭到许多人的反对，他们认为毁掉木马会冒犯神灵，特洛伊城将会有灭顶之灾。再说这是个战利品，将它拖到城里，可作为战争胜利的永久纪念。于是，国王命令将木马拖进城里，从城门进不方便，就拆毁了一段城墙。

当天晚上，特洛伊全城人都参加了庆祝胜利的欢宴。西农趁别人都不注意，便偷偷溜出人群，到一个僻静处点火为号，向隐蔽在海湾的军队示意行动。然后他又去打开木马的机关，奥德修斯等人走出马腹后，杀了守城的卫兵，将大军从城门和城墙拆毁处引入城中。大军迅速包围了各个军事要地，一举攻占了特洛伊城。

历时10年的特洛伊战争以木马计的成功而宣告结束。

当特洛伊城被攻破时，海伦躲在宫廷的屋角里等待着灾难的降临。墨涅拉奥斯找到对自己不忠的妻子后，原想立即将她杀死，但他重新见到海伦后，顿生爱怜之心，潜伏在他心中的爱情之火又燃烧了起来，

使他忘记了她的一切过错，又重新将美丽的海伦拥入怀中。墨涅拉奥斯国王和众将士为她的美貌而倾倒，纷纷议论："为了这样一个举世无双的美人出海远征，既使经受了10年的征战之苦也是值得的。"

孔雀帝国的兴衰

公元前6世纪至公元前4世纪，印度并不是一个统一的国家，它处于列国时代，各王国割据一方，各自为政，并且不断地为土地和其他利益互相争战。这些互相争战的王国中，总计有16个小王国，其中恒河中游的摩揭陀王国是实力比较雄厚、经济比较发达的王国之一。

◆ 亚历山大的骑马雕像

恒河流域位于印度河流域的东面，随着恒河流域的开发，印度的政治、经济和文化中心逐渐从印度河流域转移到恒河中下游一带。摩揭陀王国在争霸战争中日益强大，它先后消灭了许多国家，到后来，基本上统一了恒河流域。据史料记载，摩揭陀王国有骑兵2万人，步兵20万人，战车2 000辆，战象3 000头。正当摩揭陀王国准备西征，向印度河流域推进时，他遇到了四处扩张的马其顿国王亚历山大的军队。

公元前4世纪，波斯帝国统治之下的印度西北部被马其顿国王亚历

山大征服。征服波斯之后，亚历山大就开始入侵印度河上游流域，并向恒河流域推进，这时正好与西进的摩揭陀王国军队相遇。亚历山大出师不利，就退出了印度。

亚历山大退出印度后，旃陀罗笈多在马其顿人所占领的土地上建立起一支60万人的军队，占据了印度河流域的西北部。旃陀罗笈多的军队赶走了马其顿人留守印度的军队，又挥师东进，一举推翻了摩揭陀王国的统治。旃陀罗笈多在摩揭陀王国的故都华氏城建立孔雀帝国，并自立为王，定都华氏城。

据说，旃陀罗笈多原来也在摩揭陀王国，由于触犯了国王的戒令，只好逃到亚历山大的军中。从亚历山大那里，旃陀罗笈多学会了马其顿人的军事组织方法和战略战术，这为他日后的征战打下了基础。但是旃陀罗笈多在一次谈话中，冒犯了亚历山大，亚历山大于是下令处死他。旃陀罗笈多一面极力向亚历山大乞命，一面准备逃走。这时候，进军不利的亚历山大撤走了，旃陀罗笈多趁这个军事缝隙就地招募了一支强大的军队。

◆ 阿育王狮子柱头

旃陀罗笈多是个既聪明又很有个性的人。他在亚历山大的军中努力学习军事，同时又找出了马其顿军队的弱点。在他招募自己的军队，驱赶亚历山大留下的部将塞琉古所率领的马其顿军时，充分发挥了他的军事才能，屡次击败塞琉古的入侵，并迫使他与自己的帝国订立了和约，并且凭借强大的军事势力夺得了印度河以西的土地，将马其顿人赶出印度。为了表示和解，塞琉古将他的女儿嫁给旃陀罗笈多为后。塞琉古退出印度，并把另一部分土地割让给了孔雀帝国。为此，旃陀罗笈多送给塞琉古五百头战象，塞琉古王国派遣使臣驻在孔雀帝国的首都华氏城。

在旃陀罗笈多的统治

◆ 阿育王柱　柱身刻有阿育王的敕令和法规，柱头上端坐着一头雄狮

◆开凿于孔雀王时代的阿旃陀石窟

后期，他开始信仰耆那教，极其虔诚，竟然放弃王位而出家。他的儿子继承了王位。后来，旃陀罗笈多按照耆那教教义的要求绝食，最终饿死。

旃陀罗笈多的儿子继承了父亲的事业，继续向外扩张，并镇压了国内的起义，使孔雀王国更加巩固，成为南亚次大陆的帝国。后来旃陀罗笈的儿子将王位传给了阿育王。阿育王在统治的初期，兴兵大举征伐印度南部，使除极南端的一小块土地之外的几乎整个印度都处于他的统治之下。

阿育王对残酷的战争给人民所造成的灾难感到十分后悔，他向全国的人民宣布，"战鼓的响声"沉寂了，代替它的将是"法

◆摩诃菩提寺 高耸的大佛塔据说是由3世纪时阿育王所创,由砖石构成,是一座中央尖塔式的建筑物,属于典型的北印度寺庙风格。佛塔,共九层;周围装饰有不同手印的佛陀雕像,塔高约50米,形如金字塔,底部为边长15米的正方形,向上逐渐收缩,顶部呈圆柱形,上立一铜制螺旋形圆顶

的声音"，今后代替暴力统治和侵略的将是不遗余力宣扬的佛法。从此以后，他将不再向邻国派遣军队。他在位期间，还发展水利、修筑道路、兴办医院，使孔雀帝国进入鼎盛时期。

他希望每一个人都能以家庭作为人生的基点，首先在家庭中体现他所说的那些道德。主要是服从父亲，尊崇老师和长辈；对亲朋好友要慷慨和友好；对待仆人和贫苦的人要乐善好施；对待动物要仁慈，不能滥杀。

阿育王以身作则，他宣布在全国废除斗兽之类的血腥娱乐，不允许用动物做杀生祭礼，在宫廷里对王公大臣喜欢的狩猎游戏也加以限制。

不久，阿育王又宣布佛教为印度的国教，下令在王宫和印度各地树立石柱，开凿石壁，将他的诏令刊刻在上面。他宣称征服不应使用战争，而应依靠佛法。他还召集了全国的一大批佛教高僧，编纂整理佛教经典，在各地修建了许多佛教寺院。

阿育王在推行佛教的同时，也加强统治。国家的军事、行政和最高司法等一切大权都集中在他一个人手中。他拥有一个由他一手操纵的庞大官僚机构，这个机构分别由行政长官、军事长官和祭祖长老掌管，而他把地方分为许多个省，派总督去管理。有60万常备军队保卫着他的政权。

在阿育王统治时期，孔雀帝国经济繁荣，商业贸易活跃。不仅国内工商业发展起来了，海外贸易也有不少进展，孔雀帝国与斯里兰卡、缅甸等国家或地区的贸易往来频繁。

繁荣强大的孔雀帝国留下了不少石刻，就连中国宁波都有阿育王寺。孔雀帝国传播的印度佛教文化，几乎遍及南亚和中亚。

正如历史上许多依靠武力征服建立起的帝国一样，孔雀帝国没能维持多久。在南亚次大陆上强大了一个多世纪的帝国，在阿育王死后，开始走向衰落，最后又分裂成许多个国家。

波 斯 帝 国

公元前6世纪中叶，居鲁士二世建立起了波斯帝国，开始了阿契美尼德王朝南征北战的历程。公元前522年，大流士一世即位。这时，东起印度河、西至色雷斯、南到印度洋、北到里海的广大地区都被纳入了波斯帝国的版图。

大流士一世在进行政治、军事等方面改革的同时，也没有忘记宗教的作用，因而

◆ 居鲁士的画像

奉琐罗亚斯德教为国教，并以此作为统治一个庞大帝国的思想基础。

在著名的"贝希斯敦铭文"中，大流士一世向人民宣布："我——大流士，伟大的王，众王之王，波斯之王，诸省之王……阿胡拉·马兹达把这个王国授给我。阿胡拉·马兹达在帮助我治理这个王国。我是遵照阿胡拉·马兹达的意旨来治理这个王国的。"

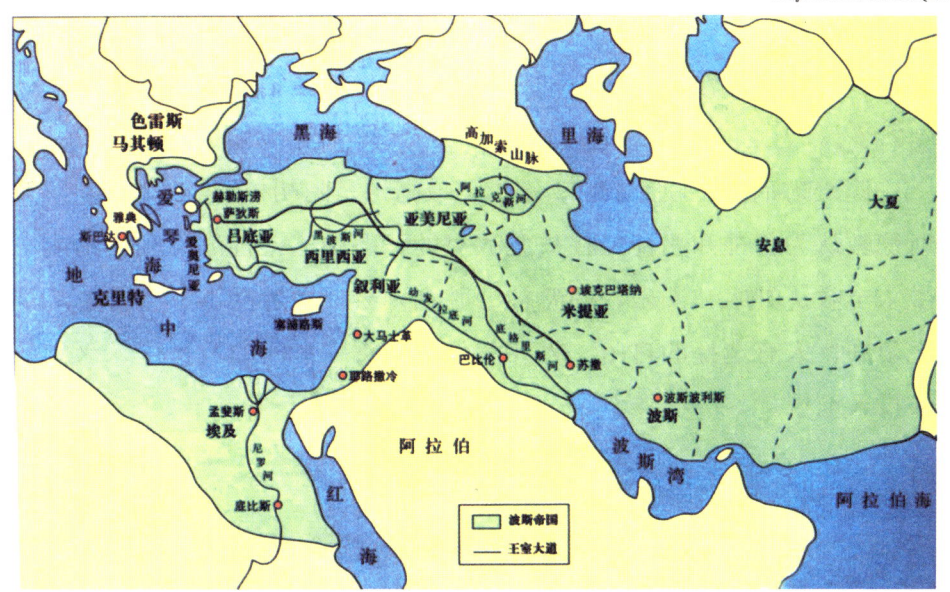

◆ 大流士一世统治下的波斯 帝国（公元前 522—公元前 485 年）

在这里我们看到，大流士一世说，国王就是神的化身，国王的命令就是神的旨意，一切波斯人都得无条件地效忠他。这是阿契美尼德王朝统治人民的法宝。

说起琐罗亚斯德教，那得追寻前人的脚步。在遥远的古代，古波斯人信奉的宗教叫琐罗亚斯德教。因为他们崇拜火，所以中国历史上称其为拜火教。

拜火教的创建人是查拉图斯特拉。关于他的生平，有不同的说法。比较普遍的说法是，大约公元前6世纪，他生于波斯西北部的一个骑士家庭，从事祭司职业。20岁时遁世隐居，后来受到了神的启示，他创建了琐罗亚斯德教。传教初期，信他的人很少，但困难并没有改变查拉图斯特拉的决心。他继续艰苦而顽强地为自己的信念奋斗着。到42岁时，他得到了大夏国王维斯塔巴的信仰和支持，琐罗亚斯德教开始

发展兴旺起来，它很快传播到波斯各地。晚年的查拉图斯特拉一直从事传教和组织工作，后来不幸在一次同"异教徒"的战斗中被杀，终年77岁。

琐罗亚斯德教主张善恶二元论，最高神是阿胡拉·马兹达。琐罗亚斯德教认为善神和恶神处在彼此敌对的状态中，善神的胜利会给人们带来丰收、健康和安乐，而恶神的胜利则会使人遭受不幸。善恶二端之争中，人有选择的自由。人死后将会依据在世间的言行进入天堂或被投入地狱。

◆ 波斯国王居鲁士墓

这一宗教思想反映了古波斯人向往光明、憧憬未来的强烈愿望，也是与当时的社会发展有关的。

辽阔的伊朗高原上有许多肥沃的绿洲，那里定居着许多农业部落和畜牧部落，但他们常常会受到落后的游牧部落的骚扰。因此，琐罗亚斯德教徒便把农业部落和畜牧民族赖以安居乐业的肥沃土地看作是美的王国，农业是神圣的职业；而把不能经营农业和畜牧业的草原沙漠，以及威胁和平的游牧部落看作是恶的王国。琐罗亚斯德教的兴盛体现了绿洲地带的农业部落和畜牧部落的利益。

琐罗亚斯德教不塑神像，也不建神庙，但有祭司、祭坛和烦琐的仪式，一切重大的献祭和祈祷仪式都要点火进行，所以波斯人也被称为拜火人。

公元前4世纪，马其顿亚历山大征服了波斯，圣火几乎熄灭。

直到公元226年，波斯人在阿尔达希一世的领导下成功复国，建立了萨桑王朝。

波斯帝国攻占埃及

公元前553年，波斯贵族居鲁士二世统一了波斯各部落，公元前550年成为波斯王。在居鲁士二世统治时期，波斯已逐步转化为奴隶制国家，在一系列的对外扩张中，形成强大的波斯帝国。

公元前529年，居鲁士二世率大军远征中亚细亚地区，遭到

◆ 波斯国王居鲁士宫殿遗址

当地游牧民族的围歼，居鲁士二世死于乱军之中。

居鲁士二世被杀后，其子冈比西斯继位，继续执行对外扩张政策。波斯的威胁，引起了周围各国的恐惧。埃及便与吕底亚等国结成同盟，准备联手防御来自波斯的侵略。但是公元前6世纪的埃及已显衰势，注定成为强大的波斯帝国的囊中之物。

波斯国王冈比西斯听说埃及赛斯王朝法老雅赫摩斯二世有个独生女儿长得美丽绝伦，便动了心思。冈比西斯虽然有数不清的娇妻美妾，

但是占有美女同他抢夺财物的原则一样——越多越好。况且求婚埃及又可起到一个投石问路的作用，如果法老不乖乖地把他的宝贝女儿送来，便有了兴兵讨伐的理由。他越想越觉得自己聪明，想到了一条好计，于是，赶快遣使赴埃及求婚。

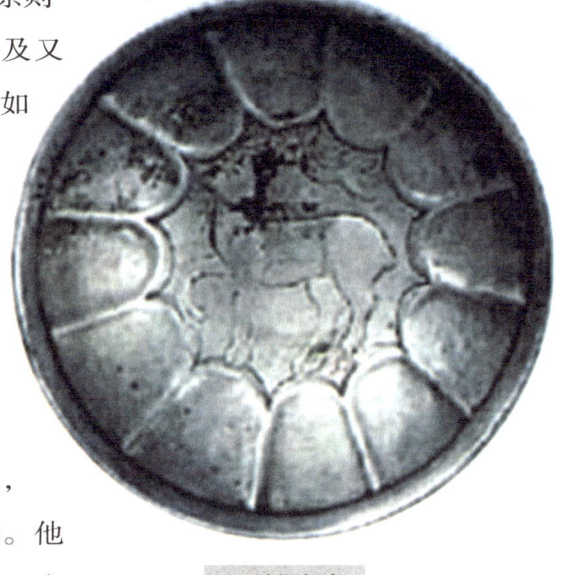

◆ 波斯银盘

埃及法老雅赫摩斯二世没有子嗣，只有这一个宝贝女儿，自幼娇生惯养，视若掌上明珠。他怎么能舍得把她远嫁异国他乡，去侍奉一个凶恶残暴的丈夫呢？从政治上考虑，他也不甘心将埃及公主嫁给威胁自己国家安全的敌国之君。所以他反对这桩婚事。但是，他也明白冈比西斯是不好招惹的，拒绝这门婚事的后果不堪设想。国事、家事忧积于心，他食不甘味，席不安寝。有一天，他忽然想出一个主意，而且觉得是个两全其美的妙计，心头豁然开朗，于是便紧锣密鼓地行动起来。原来，他从后宫中，挑选了一个最漂亮的姑娘，对她精心调教，盛装打扮，让她冒充自己的女儿，以埃及公主的身份，带着丰厚的嫁妆，送到波斯帝国的王宫与冈比西斯完婚。

冈比西斯如愿以偿，觉得埃及法老还算识时务，把进攻埃及的事就暂且搁置不提了。冈比西斯得到一位如花似玉的埃及姑娘，立即被她的美貌和新奇吸引，真是如胶似漆、如鱼得水、百般缠绵。这位假

公主受到如此专宠，乐得心花怒放，不知如何更加邀宠取悦是好，一时忘乎所以，竟在一次恩恩爱爱、卿卿我我之时，让冈比西斯猜一猜她到底是何许人也。在冈比西斯的软硬兼施之下，真相大白。假公主原以为冈比西斯深爱着自己，对于自己是不是公主不会在意，不会因为自己的出身和地位而割舍对她如痴如狂的爱怜。但是，冈比西斯在得知自己钟情的"公主"，原来竟是一个女奴后，自尊心受到了极大的伤害。任何女人对她来说都不过是一时的玩物，何况是这个玩够了的奴婢。他把她从自己的怀中推出去，抽出利刃，就把刀尖刺进了他

◆埃及法老雕像

曾经体贴过的这个柔弱女子的胸膛。

杀了假公主后，他歇斯底里、怒不可遏，立誓消灭埃及，以雪其耻。公元前527年，冈比西斯率大军进犯埃及。公元前525年，风烛残年的埃及法老雅赫摩斯二世在惊恐不安之中，提前结束了他那屈辱的生命。他的侄儿普萨美提克三世继任法老。这位法老面对野蛮的强敌，誓死不屈，组织军民奋勇抗战。

埃及法老普萨美提克三世率军进行英勇的抵抗，终于因为力量悬殊而战败被俘。埃及从此灭亡，沦为波斯帝国的一个行省。

◆ 波斯士兵彩色釉画像

《伊索寓言》

伊索本是古希腊的一个奴隶，他以他的才智受到了主人的赏识，并获得了人身自由，被允许四处游历。广博的见识加上丰富的才学使伊索创作出一个又一个精彩而又耐人寻味的小故事。后来被人改编整理，编纂成集。这就是世界上最古老的寓言集。

其实，今天所流传的《伊索寓言》并非伊索一人所作，而是古希腊寓言的汇编，是长期以来古希腊人民的集体创作，个别篇章还可能来源于亚洲和非洲。

《伊索寓言》里的小故事主要反映的是受欺凌的下层平民和奴隶的斗争经验和生活教训。寓言通过描写动物之间的关系来表现当时的社会关系，主要是表现压迫者和被压迫者之间的不平等关系。寓言作者谴责社会上人压迫人的不合理现象，号召受欺凌的人团结起来同恶人进行斗争。寓言凝聚了当时劳动人民的智慧，总结了他们的种种生活经验，表达了他们对社会和

◆ 油画作品《伊索》

自然界的看法。如《狗和公鸡与狐狸》告诉人们要善于运用智慧，战胜敌人。《狮子与鹿》《捕鸟人与冠雀》《两个锅》等故事揭露了当政权掌握在贪婪残暴的统治者手中时，贫苦的人就不可能平安地生活下去。《狼与小羊》揭露了统治者为了压迫人民是不愁没有借口的。《伊索寓言》中有些故事还总结了古希腊劳动人民的生活和斗争经验，其中有的长期被后人引用，成了人们熟知的典故，如《狐狸与葡萄》《乌鸦与狐狸》等。

《龟兔赛跑》是我们所熟悉的一则寓言故事：乌龟与兔子比赛谁跑得快。兔子自恃"武艺高强"，认为自己能赢，竟狂妄地在半路上躺在一棵大树下睡起觉来，结果睡过了头，输给了乌龟。乌龟虽然爬得慢，但能持之以恒地向前跑，最终获得胜利。这个故事向人们揭示了"骄兵必败""勤能补拙"等道理。

《农夫和蛇》的故事也是家喻户晓的。农夫在路上碰到一条冻僵的蛇，他可怜蛇，就把它拣起来放在怀里。蛇温暖过来后，竟忘恩负义地咬死了救命恩人。农夫临终时悔恨地说："我可怜了恶人，死有应得。"这则故事告诫人们对待恶人决不能心怀怜悯，心慈手软。

《龟兔赛跑》《农夫和蛇》是《伊索寓言》中的两个小故

◆ 浙江少年儿童出版社出版的《伊索寓言》

事。在这部寓言故事集中，像这样脍炙人口的故事有三四百个。

《伊索寓言》的内容极为丰富，大多采用拟人的手法，用一个简短的动物故事来说明一个道理，赋予各种动植物以人的思想、性格和语言，让它们像人一样思考、运动和交谈，从而构成一个活生生的世界。它那浅显易懂的道理不仅是向孩子灌输善恶美丑观念的启蒙教材，还是成年人爱不释手的言行准则。我国语言大师钱锺书先生曾说："虽是一本小孩子的读物，看了愈觉得我们是成人了，已超出了那些幼稚的见解。"

作为一本生活的教科书，《伊索寓言》对后世的影响是相当大的。它为后来欧洲寓言的创作奠定了坚实的基础。

古巴比伦城的辉煌

古巴比伦位于底格里斯河和幼发拉底河之间的美索不达米亚平原，是四大文明古国之一。公元前1800年至公元前600年，那里曾是古巴比伦王国的都城。在它鼎盛时期，宫殿豪华，庙宇辉煌，街市热闹，到处都充满着繁荣的景象。它是当时亚洲西部著名的交通、商业和文化中心，在当时被称为"上天的门户"。到公元2世纪前后，古巴比伦王国开始衰落，后来逐渐变成一片废墟，被荒草沙土掩埋。

古巴比伦城占地面积约100平方千米，是当时中东最大的城市。它四周被一条宽宽的壕堑环护，还有内外两道用砖砌和油漆浇凝筑成的城墙。外墙周长17.7千米，青砖之间夯着厚实的泥土，城墙的宽度足以供4辆马车

◆ 界碑 由巴比伦王国卡塞特王朝梅利西巴克二世所立

在上面并排驰骋。外墙上有9座用铜铸成的城门，300多座塔楼。其中北门为正门，高14米，表面装饰着由彩色琉璃砖拼砌而成的500余幅浮雕。内城墙周长为8千米。内外城墙之间是一些花园和居住区。9条大道都以城门为起点，通向马尔都克神庙（马尔都克是古巴比伦的守护神）。其中被称作"圣道"的、贯穿南北的中央大道宽达22.4米，两侧

◆ 空中花园修复图

是6.83米高的石墙，墙面上装饰着一幅幅张牙舞爪的狮子浮雕。街面用刻有楔形文字的石板铺成，并且还使用了沥青。此外，城中还有一套复杂的水力防御装置，一旦敌人攻到城下，就可以放水将城外四周的土地全部淹没，真可谓"固若金汤"！

我们现在每个民族、每个国家的语言之所以不同，据说与古巴比伦的通天塔有着莫大的关系。公元前18世纪的汉穆拉比时代，为了供奉马尔都克神，古巴比伦决定修建通天塔。通天塔塔基每边87.78米，总高度也是87.78米。塔有7层，越往上越小，缩成梯形的金字塔形，最高处建有用金箔

◆ "空中花园"遗址由四段缓坡的台地构成，并以独创的方式蓄水，用以灌溉花木

◆ 巴比伦城门

包着的神庙。纯金造的马尔都克神半人半兽像，端坐在金边的宝座上。神像的前面摆放着纯金的脚凳。有人专门做过统计，此塔总耗金量26.07吨，共用砖5 800万块。传说，人类因为建造这座塔，惹恼了上帝耶和华。上帝认为，通天塔的建成完全是人类语言相通、团结协作的结果，照这样一来，天上地下还有什么凡人做不了的事呢？这岂不是混淆了人和神的界限吗？所以上帝决定让各族的语言从此互有差异，难以沟通。这个传说出自《圣经·创世纪》。这座古巴比伦的通天塔和古巴比伦的空中花园被西方史学家誉为世界七大奇观之一，但今天已经踪迹难觅，只能在当地博物馆中看到它们的模型了，不能目睹这一伟大的文明，令人遗憾。

古巴比伦的空中花园又称悬园，是古巴比伦最为辉煌的建筑。相传，空中花园建于公元前6世纪前后，它是当时的巴比伦国王尼布甲尼撒二世为取悦他的爱妃安美依迪丝而修建的。安美依迪丝是远近闻名的美人，很受尼布甲尼撒二世的宠爱。但她来自伊朗高原的山区，不

◆ 巴比伦的狮子　玄武岩石狮,原存放于巴比伦王国尼布甲尼撒二世的王宫中

适应缺树少花的巴比伦热带气候，终日茶不思，闷闷不乐，独自垂泪。为了让自己的爱妃过得幸福，尼布甲尼撒二世下令模仿安美依迪丝故乡的风光，建造一座别具特色的花园。

　　经过数年的努力，同时也耗费了无数奴隶的血汗，巴比伦终于造好了一座大假山。这座大假山的底边每边长120多米，高25米，用石柱和石板一层一层地向上堆砌，直达高空。假山的方形底座共占地1 260平方米。平台与地面之间，构筑起坚固的大理石阶梯。4层平台，每一层都用长4.8米，宽1.2米的大理石拼砌而成。平台上铺着浸透柏油的柳条垫、芦草和沥青混合物。上面又铺着用石膏黏合在一起的两层砖，砖上浇铸着厚厚的一层铅。这一系列的措施完成后，才在上面一层一层地培上肥沃的泥土，并从高原上引来许多奇花异木。从远处看，这

座假山还真像是一个高高悬挂在空中的大花园。为了解决给花木浇水的大难题，古巴比伦人特意在假山顶上设计了完善的机械提灌设备，用螺旋泵源源不断地把幼发拉底河水抽吸到那里，形成"水往高处流"的奇异景观。可以想象，这在当时是一项多么艰巨的大工程啊！

遗憾的是，这一建筑史上的奇迹早已荡然无存，为后人留下了一个至今也无法解开的巨大谜团。

巴比伦城还有一个重要的古迹，那就是巴比伦

◆ 公元前 7 世纪的古巴比伦人凭想象刻画在泥板上的世界地图，地图上的楔形文字形容圆圈外面的未知世界"永无天日"

雄狮。它用巨大的岩块雕琢而成，身长3米，高2米，宽1.5米，略大于真狮。石狮神态威猛，栩栩如生，脚下还踩着一个和真人一样大小的石头人。这个石头人象征着敌人。他四脚朝天，在雄狮的踩踏下已奄奄一息。整个石雕象征着古巴比伦人不畏强暴、勇于斗争的英雄气概。

拂去历史的尘埃，如今映入人们眼帘中的古巴比伦城遗址早已断壁残垣、满目疮痍。除了一座城门和一些剧场、神庙是新修

复的，其他景物早已踪迹难觅，但作为闻名遐迩的一座古老文化的丰碑，古巴比伦城昔日的风采隐约可见。古巴比伦的历史价值与影响并没有因为它的消失而减少，两河流域灿烂的古代文明将被永远载入史册！

充满谜团的狮身人面像

埃及的金字塔被誉为世界七大奇迹之一，特别是其中那座狮身人面像更是充满神秘色彩。传说巨人堤丰和蛇妖厄喀德娜生了一个女儿，她的头部和胸部是女人形，身体是狮子形，还长着一对翅膀。她就是大名鼎鼎的"斯芬克司"。

◆ 狮身人面像

斯芬克司是个带翼的狮身人面女妖，每天中午，斯芬克司都趴在城外的路边，看见有人路过，就拦住行人，让行人猜一个谜语："什么东西在早晨用四只脚走路，中午用两只脚走路，晚上用三只脚走路？"行人如果猜不中，就被她当作午餐吃掉。就这样，不知道有多少人葬身在女妖的腹中，其中还包括国王克瑞翁的儿子。人们都很害怕遇上这个妖怪，一时间，全国上下人心惶惶。

为了拯救百姓的生命，克瑞翁贴出了一张告示："谁要是能除掉这个妖魔，谁就是这个王国的国王。"不久，一位勇敢而聪明的年轻人自告奋勇地站了出来。他就是后来希腊的民族英雄俄狄浦斯。他来到

◆ 哈夫拉金字塔

城外，从容地走到斯芬克司的面前，大声说道："这就是人！在生命的早晨，人是婴儿，他要用两手两脚爬行走路，仿佛是四只脚；在生命的中午，人已步入青壮年，他用两只脚走路；而到了生命的晚上，人进入老年，精力衰竭，体力不支，这时他拄着拐杖走路，就好像是三只脚。"话音刚落，斯芬克司大吼一声，立刻变成一座狮身人面的雕像。

后来，这个传说越传越神。有人说，每当风沙弥漫、日影昏暗的时刻，远远地观望狮身人面像，就会看到雕像脸上有一种奇异的、捉摸不定的笑容。这笑容意味着什么呢？对此人们一直猜测纷纷、捉摸不透。不过，当地人一直把"斯芬克司的笑容"作为"表情神秘"的同义语。在世界不少地方，人们也都把难于解答的问题叫作"斯芬克

司之谜"。

　　当然这只是一个传说。这座充满谜团的狮身人面像就位于埃及郊区吉萨附近，至今已有四五千年的历史。

　　公元前2601年，古埃及第四王朝法老哈夫拉在巡视为自己建造的金字塔陵墓后仍不满意。他想利用采石工地上的一块巨石雕刻一尊石像，以使自己的形象永远保存在人间。当时，一位石匠投其所好地建议他把这块巨石雕刻成一头雄狮，而狮头换成他的头像，以象征法老的无比威严。哈夫拉听罢大喜，马上下令按照古希腊、埃及和中东地区神话传说中的怪物斯芬克司的样子雕刻。

　　狮身人面像除向前伸展的长达15米的前爪是用大石块镶砌的以外，

◆ 狮身人面像和金字塔

其他部分都是以一整块巨大岩石雕成的。它面朝东方，长约57米，高20米，面宽5米，鼻子长2米，耳长2米，嘴长2.3米。它头戴皇冠，两耳侧有扇状的"奈姆斯"头巾下垂，前额装饰着据说能喷射毒液的"库伯拉"圣蛇浮雕，下颚挂着标志国王身份的长须，鼻梁高耸，面孔英俊，脖子上围着项圈，身体上扮饰着鹰的羽毛。石像两爪前伸，呈跃然跳起之势；饱经风霜的面庞略带微笑，却又不失威严。

许多年来，狮身人面像象一名忠诚的卫士匍匐在哈夫拉金字塔前，目视着日出日落，默默无语地观察着人间的忧患沧桑。长期的风吹日晒，使它早已失去昔日的风采，其英俊的面孔，也已变得满目疮痍、惨不忍睹：长须不翼而飞，高鼻梁也塌陷了。更叫人痛心的是，1796年8月，拿破仑远征埃及时，曾单独闯入金字塔墓穴，出来时憋闷得张口结舌、面色如纸。盛怒之下，他下令炮轰石像。霎时间，这座驰名世界的埃及国宝惨遭浩劫，伤痕累累。硝烟过后，人们发现斯芬克司的鼻子被打掉一大块，一部分王冠被炸飞了。只有那颗硕大的头颅，依然不屈地高昂着。

狮身人面像还曾多次被埋于莽莽黄沙之中，又多次从沙土中被挖掘出来。最后一次被完整地挖掘出来是50年前的事。在狮身人面像的两腿之间，至今还残存着一块《记梦碑》，记录着这样一段趣闻：大约在公元1400年，埃及王国年轻的托斯提王子狩猎到此，在石像旁小憩。睡意中，他听到狮身人面像对他说："你将来会成为上下埃及的国王。在你登基以后，请来解救我，我虽人头在外，狮身却埋在沙子里，憋得我透不过气来，痛苦极了。"后来托斯提王子果真当上了国王。他下令将埋在沙子中的狮身人面像挖掘出来，并在石像周围筑起了防沙围墙。

近年来，狮身人面像的颈、胸因风化而不断地酥松剥落，明显"消瘦"了许多。每当清晨，游客在石像附近散步时，常常会听到石头爆裂的响声。为此，埃及和世界其他国家的考古学家都忧心如焚，他们积极采取措施，献计献策来"医治"石像，力求使其重现当年的风貌。

人类历史是一条永远不尽的长河，孕育了无数人类文明。拂去岁月的尘埃，它们依旧灿烂。埃及这个有着7 000年文明史的古国的象征——金字塔和狮身人面像，巍然屹立在广袤无垠的大漠边缘，犹如苍穹中永不熄灭的星辰。

奥运会的起源

◆ 运动场拱顶通道，位于奥林匹亚

现代世界中，哪一种体育盛会能够一呼百应，使不同肤色、不同文化背景的民族紧密地联系在一起？哪一处赛场能够成为人类向体能极限挑战的最引人入胜的地方？哪一项体育运动的奖牌能够成为运动员毕生追求的崇高目标？如果有人要问，我们可以毫不迟疑地告诉他，那只能是飘扬着五环旗的奥林匹克运动会。

奥林匹克运动会因其发祥地奥林匹亚而得名。奥林匹亚位于希腊的西南部，是一个绿树掩映、风景秀丽的昔日宗教圣地。奥林匹克运动会的历史十分悠久，它的起源从有文字记载的历史中可以追溯到公元前776年。但在此之前，古奥运会可能已经存在几个世纪了。在神话王国希腊，优美动人的神话故事和曲折离奇的民间传说，更为古奥运会的起源蒙上一层神秘色彩。

有一种传说，古奥运会是为了祭祀万神之首宙斯而定期举行的体育竞技活动。还有一种传说，宙斯的儿子大力神赫拉克勒斯为伊利斯

◆ 罗马奥林匹克球场

城邦引入河水，将国王堆满牛粪的牛棚冲洗干净，但国王却不肯履行赠送300头牛作为酬劳的许诺，大力神赫拉克勒斯一气之下赶走了国王。为了庆祝胜利，他在奥林匹亚举行了运动会。在众多传说中，流传最广的是宙斯的孙子珀罗普斯娶亲的故事：伊利斯国王为了挑选一个智勇双全的女婿，提出应选者必须与自己比赛战车。比赛中，先后有13名青年都丧生在国王的利矛之下。珀罗普斯勇敢地成了第14名挑战者，并以智破敌，弄翻了国王的战车，赢得胜利。在盛大的婚礼上，珀罗普斯特地安排了战车、角斗等比赛。这就是最初的古奥运会。珀罗普斯也成了古奥运会传说中的创始人。

实际上，奥运会的起源与古希腊的社会情况密切相关。公元前9世纪至公元前8世纪，希腊进入奴隶社会，建立了200多个城邦。它们各自为政，相互间经常爆发战争。为了应付战争，各城邦都积极地训练士兵，而体育是培养能征善战的士兵的有效手段。古希腊人又信奉宗教，经常举行盛大宗教集会，以舞蹈、唱歌和竞技等形式，来表达对神的敬意。古奥运会就是在当时的战争背景和祭祀活动中产生的。

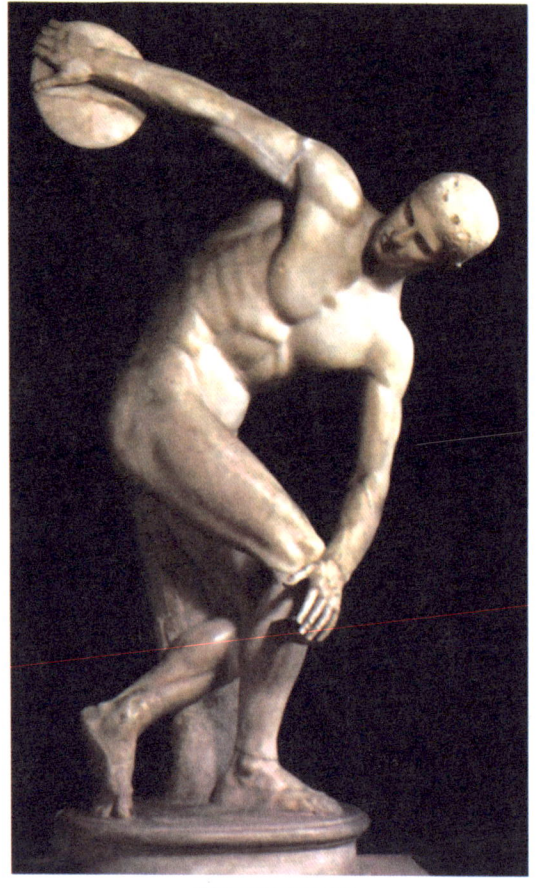

◆ 掷铁饼者

大约公元前9世纪，古希腊人开始在奥林匹亚村举行运动会。公元前776年，古奥运会优胜者的名字第一次被记录下来，后世学者就把这次运动会作为第一届奥运会。

古奥运会每4年举行一次。奥运会期间，全希腊实行"神圣休战"。在战争背景下产生的奥运会，后来又成为和平与友谊的盛会。

奥运会举行之前，3名运动员接过太阳火炬，跑遍希腊全境，传谕"神圣休战"的告示。当火炬回到奥林匹亚村时，奥运会在"圣火"中宣布开幕，运动会结束时"圣火"才能熄灭。这也就是现代奥运会开幕式点燃圣火仪式的渊源。

古奥林匹克运动会的竞技比赛项目主要是田径，后来逐渐增加了摔跤、五项全能、拳击、赛马、角斗等项目，最多时达23项。大多数比赛项目都是现代运动项目的雏形。此外，古奥林匹克运动会还要进行精彩的文艺表演。

奥运会开始后，按规定，参赛运动员必须赤身裸体进入赛场，这寓意着古希腊人对美和力量的崇尚。公元前5世纪，雕塑家米隆创作的传世之作《掷铁饼者》，就是古奥运会上赤身竞技的缩影。

古奥运会的比赛规则十分严格。希腊人认为光明正大地取胜是光荣的。奥运会又规定妇女、奴隶不得参加和观看比赛，违者处死。

古奥运会延续了1 170年，共举行293届，堪称鼎盛一时。到了公元394年，罗马皇帝狄奥多西一世在位时，由于其信奉基督教，就宣布奥运会为异教徒活动，下令予以废止。从此，古奥运会便销声匿迹了。直到16世纪文艺复兴时期，才重新唤起人们对古奥运会的憧憬。

19世纪后期，随着世界近代体育运动的蓬勃发展，国际范围内复兴奥运会已成为历史趋势。19世纪末，德国妄图在欧洲发动战争，它的近邻法国首先感受到了军国主义的威胁。法国人民强烈地反对侵略战争，渴望保持世界和平，而奥运会所倡导的和平、友谊精神，恰好符合法国人民的愿望。这样，复兴奥运会的神圣使命，便自然而然地落在了法国人民肩上。而担当这一重任的就是被誉为"奥林匹克之父"的皮埃

◆ 2004 雅典—北京 奥林匹克会旗交接纪念章

尔·德·顾拜旦。顾拜旦是法国著名教育家和体育活动家。1888年他倡议复兴奥运会。1894年6月23日，国际奥委会成立。这标志着现代奥林匹克运动的诞生；1896年，顾拜旦担任国际奥委会主席，并连任29年；在1920年的第七届奥运会上，开始起用由顾拜旦设计的五环奥运会会旗。顾拜旦对奥运会的突出贡献是无人可与之比肩的。

现代奥林匹克运动会，从某种意义上讲，是古奥运会的延续和发展，但它决不是古奥运会的翻版。它继承了古奥运会的精神和某些优良传统，如：盛会是和平与友谊的象征等，但又却突破过去只属于希腊人竞技的狭隘范畴，使它具有了国际性。同时，它还使占全人类人数一半的妇女也获得了参加的权利，从根本意义上提高了她们的社会

◆ 瑞士洛桑奥林匹克公园

地位。至于竞赛规模、技术水平等，则更远非古奥运会可以比拟。

　　奥林匹克运动现在已经成为参与国家和地区众多、具有巨大吸引力和凝聚力的一项全球性活动。奥林匹克运动以"团结、和平、友谊"为宗旨，以"更快、更高、更强"为口号，其影响日益广泛，遍布于全球的每一个角落。我们完全有理由相信，奥林匹克之火将永燃不熄，且越烧越旺。

母狼城徽的故事

提起意大利首都罗马城，人们首先会联想到那座极具传奇色彩的母狼雕像。这是罗马城著名的城徽。

相传公元前8世纪，当时特洛伊城被希腊人攻陷后，埃涅阿斯王子带领一些人逃了出来，最后逃到意大利半岛上的台伯河入海口拉丁姆。当地国王热情地接待了他们，并将埃涅阿斯招为女婿。从此埃涅阿斯的后代在拉丁姆建立了自己的王国，以后世代相传。

到努米托雷为王时，他的弟弟阿姆利奥篡夺了王位，驱逐了哥哥，还杀死了哥哥的儿子，并且逼迫侄女西尔维娅充任女祭司，永远不准她和任何人结婚。可是战神马尔斯却暗暗地爱上了西尔维娅，并和她生了一对孪生子。阿姆利奥听到这个消息后，非常恐惧，他害怕这两个孩子长大以后会向他复仇，于是就杀死了侄女，把两个孩子装进箩筐里，丢进了台伯河。

幸好河水水位下降，两个婴孩才没有被淹死。河水把箩筐冲到了浅滩上。婴儿的啼哭

◆ 康斯坦丁大帝时罗马城模型

声引来一只母狼。母狼不但没有吃掉他们，反而把他们叼回山洞，用自己的乳汁细心地喂养。后来，一位牧羊人发现了这对婴儿，便把他们带回家去抚养。哥哥取名叫罗慕洛，弟弟叫雷莫。这兄弟俩长大后，练就了一身好武艺，并从牧羊人那里知道了自己的身世。

有一次，他们和另一群牧人发生冲突。雷莫被对方抓住，并被带到头领那里。不料那头领竟是他的外公努米手托雷。祖孙相聚，抱头痛哭。后来兄弟俩召集当地的老百姓，杀死了仇人阿姆利奥，为外公夺回了王位。

兄弟俩随后决定，带领手下到台伯河畔那块母狼喂养过他们的地方去建一座新城。但是，究竟用谁的名字来命名新城好呢？两兄弟为此发生了争执。最后他俩达成一个协议，用飞鸟来卜问神的旨意。一会儿，从雷莫身边飞过6只鹰。

过了一会儿，又有12只鹰从罗慕洛身边飞过。从鹰的数目上看，上天的旨意是让罗慕洛建城。于是罗慕洛赶着一对白羊，划出新城址的基线，并宣布任何人不得侵犯。但弟弟雷莫不服，他认为神鸟是先

◆ 罗马城城徽——孪生子与母狼

向他显现的，所以故意在城址上跳来跳去。罗慕洛一怒之下杀死了雷莫，成了新城的国王。于是，这座城市就用他的名字来命名，叫作"罗马"。

据说，这件事发生在公元前753年的4月21日，所以古罗马人就把这天作为开国的纪念日。

后来，人们为了表达对古罗马历史的深厚感情，在公元前4世纪雕塑了一尊母狼青铜像。到了公元16世纪，人们又雕刻了两个正在仰头吮奶的婴儿放在它的腹下。

现在，这座母狼雕像仍陈列在意大利罗马博物馆里，至今已经有2500多年的历史了。

所罗门王统一以色列

犹太人，古称希伯来人，也叫以色列人。他们的祖先是生活在美索不达米亚的游牧民族。为了追寻水草丰美的牧场，他们曾迁移到许多地方。他们到过迦南、埃及。在埃及差点沦为奴隶。后来他们又重返迦南，踏入巴勒斯坦的土地。

巴勒斯坦位于亚洲西部的地中海岸边，地处埃及、叙利亚和美索不达米亚之间的十字路口上，是亚洲、非洲、欧洲的交通枢纽。

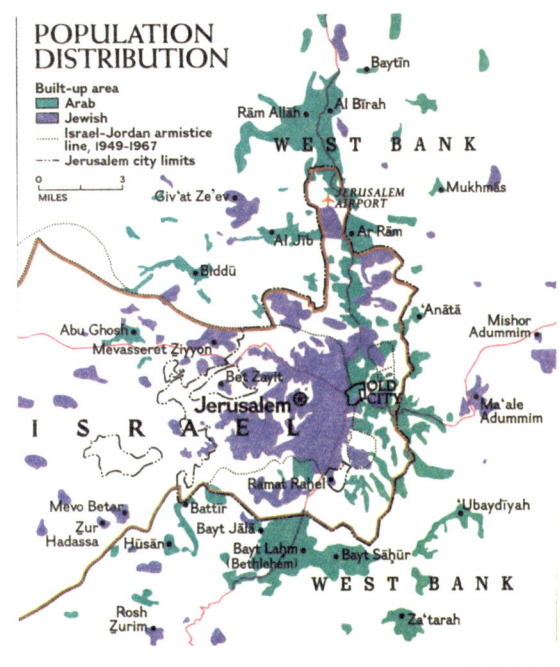

◆ 耶路撒冷地区人口分布图（深绿色代表阿拉伯人，紫色代表犹太人）

早在公元前3000年，巴勒斯坦地区就有迦南人定居。希伯来人经过长期而艰苦的斗争。最后，他们终于占据了约旦河西岸的一些地方。

希伯来人有12个大族，他们分地而居。后来，他们逐渐融入迦南人的村落、城镇中，有一些人成为富人；而更多的人受到迦南人的奴役。

又过了一段时间，希伯来人的文化几乎被迦南人同化。唯一的区别是，他们信仰自己的神——耶和华。而迦南人信奉的是多神教。

发展到公元前11世纪，以色列进入了他们的黄金时代。最早的以色列王扫罗建立了强大的以色列王国，逐渐摆脱了受外族奴役的地位。

后来，犹太部落的首领大卫又在巴勒斯坦南部建立了独立的犹太王国。扫罗死后，大卫继位为王，他便是历史上著名的大卫王。他把以色列人和犹太人统一起来，从而彻底打垮了威胁他们的腓力斯丁人，并攻占了耶路撒冷，把它作为以色列的首都和全国的宗教中心。王权的加强使耶和华的地位提高，大卫排斥了众神，使耶和华成为众神之王。耶和华是犹太人崇拜的唯一的神。

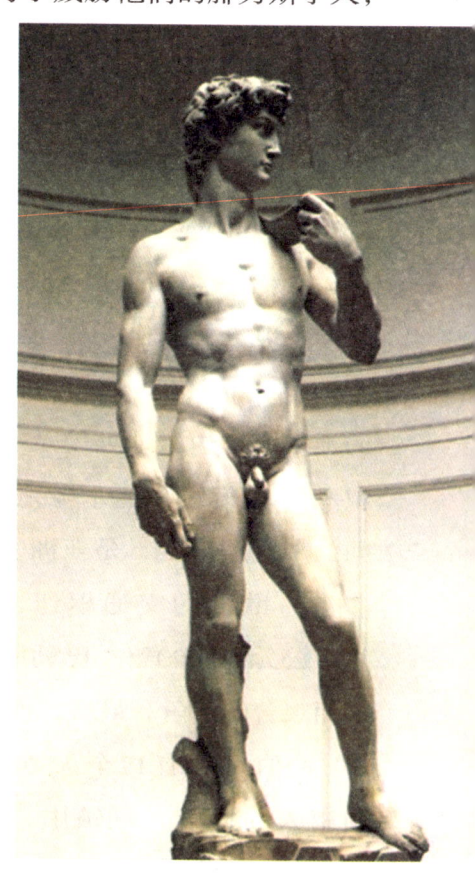

以色列的强盛持续了100多年，大约从公元前1040年到公元前932年。其中，所罗门统治的阶段是以色列的鼎盛时期。

所罗门是大卫王的儿子，他是以色列的第一位世袭国王。所罗门是一位和平统治者，又是一位外交家、建设者、商人。他在位40年，一次大仗也没有打过。但在他的统治下，以色列由一个宗族制的穷国，逐渐发展为一个经济和军事上都很强大的国家。

在所罗门的统治下，耶路撒冷也被建

◆ 大卫雕像

设成一个真正意义上的都城，这里有着宏伟豪华的王宫、金碧辉煌的圣殿。圣殿不仅是犹太人的宗教中心，还陈列着无数的稀世珍宝，吸引着各地的朝圣者前来瞻仰。

所罗门时代，许多国家都派使者前来签订友好条约和贸易协定，耶路撒冷每天都要接待各地前来送礼进贡的使者和商人。

所罗门统治时期，可以说是以色列历史上唯一繁荣、昌盛且和平的时期。

所罗门死后，统一的以色列迅速分裂，居住在国家北部的十个部落陆续分裂出去，他们以撒玛利亚为都城，成立了以色列王国；而所罗门的后人仍以耶路撒冷为中心，成立了犹太王国。国家的分裂使两个国家的国力一落千丈，再也没能重现往日的威风了。这种状况持续了200多年。

佛 教 产 生

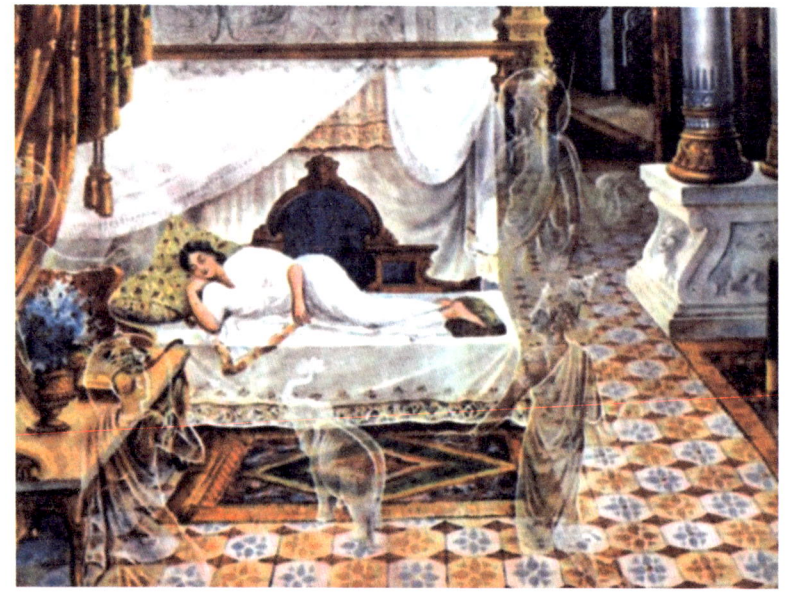

◆ 图中床上睡眠的是摩耶王后。白色幻影是梦中出现的古印度神话传说中的"梵神"和使摩耶王后怀孕的白象

佛教是世界上主要宗教的一种。它产生于公元前6至公元前5世纪的古印度恒河流域。

佛教的创始人是释迦牟尼，本名乔达摩。后来，他创立了佛教，并被尊称为"佛"，中国习惯称他为"如来佛祖"。那么释迦牟尼又是怎样创立佛教的呢？

释迦牟尼生于公元前约565年，卒于公元前约485年，与中国的孔子差不多处于同一时代。他的父亲是净饭王，母亲是摩耶夫人。传说摩耶夫人怀孕的时候，按照当时的习俗回娘家分娩。在回娘家的途中，她正好腹痛，就在一棵无忧树下生下了释迦牟尼。释迦牟尼一生下来就会走路说话。据说当时的情景是：他向东南西北各行7步说到，"天上天下，唯我独尊"。

释迦牟尼出生7天后，他母亲便去世了。他是由其姨母抚养长大的。

释迦牟尼属于刹帝利阶层（当时社会上的第二阶层。第一阶层为婆罗门，也就是僧侣；第三阶层是吠舍，也就是平民；第四阶层为首陀罗，也就是奴隶）。他从小受到了很好的教育。后

◆ 图中抱着小太子的是传说中的天王，身后是诸梵神。寓意上天将释迦牟尼赐给人间，手持树枝站立的是摩耶王后

被立为"太子"，并娶了美貌的邻国公主为妃，还生了儿子。

据说释迦牟尼出外云游的时候，在四城门分别见到了老、病、死的情形及一个出家的沙门，感到人生无常，便决心出家去寻找摆脱生死的"真理"。虽然释迦牟尼的父王为释加牟尼修建了华丽的宫殿和花园，还给他许多侍女服侍，但他并不留恋自己的地位和奢侈的生活，一心只想出家。

释迦牟尼29岁那年的一个夜晚，他在车夫的帮助下偷偷离家而去。据说他先是跟两位"仙人"学禅定，感到不满足，便转而修苦行，一修就是6年。后来他干脆绝食，身体瘦成了一副骨头架子，但还是一无所获。他觉得苦行也不是办法，便在尼连禅河水中沐浴，又接受了牧

女献的乳糜。然后他独自一人来到菩提树下，打坐深思，思考人生的前因后果。经过了一夜，他终于大彻大悟，觉悟成佛。

释迦牟尼成佛后，就在恒河流域广收门徒，宣讲佛法。他说享乐和苦行都有失于偏颇，只有他所创立的学说才是最正确的。

佛教教导众生平等，不论是婆罗门、刹帝利、吠舍还是首陀罗，都可以入教，在佛教内部是平等的。虽然佛教还没有直接否定当时的种姓制度，但释迦牟尼的这种思想是令各个阶层尤其是较低阶层的人们比较满意的，所以佛教徒的队伍不断壮大。

佛教不赞成婆罗门的特权，特别注意提高刹帝利的地位，这样佛教就得到了国王和贵族们的好感。很多国王请释迦牟尼说法。

佛教还注意维护商人们的利益，这样商人也大力支持佛教。他们向释迦牟尼施舍了无数的财物。

释迦牟尼允许弟子们用自己的方言宣传佛教，这样当地百姓都容易听懂。这也是佛教迅速发展的一个原因。

释迦牟尼还为僧众制定了戒律，规定"云游乞食""雨季安居""犯过忏悔"等制度。僧众过着比较清苦但

◆ 铜鎏金释迦牟尼像

有组织的集体生活。释迦牟尼最初只允许男性出家。此外，也有很多不出家的佛教信徒，他们被称为"居士"。

◆ 释迦牟尼橘黄色血舍利

　　释迦牟尼的弟子据说约有1 000人。释迦牟尼带着弟子到处云游说法，长达45年，足迹遍及恒河流域，释迦牟尼到80岁时生病，在两棵娑罗树间的绳床上圆寂。

　　佛教在印度本土经历了原始佛教、部派佛教、大乘佛教、密教四个阶段。从公元前3世纪孔雀王朝阿育王开始，佛教开始向古印度境外不断传播。传播的路线大致有两条：一条是从印度通过西域一带传到中国，然后再传到朝鲜、日本、越南等国，所传以大乘佛教为主，另

一条是从印度向南传到斯里兰卡及泰国、缅甸、柬埔寨、老挝等地，称为南传佛教，主要是小乘佛教。

佛教自东汉初年传入中国，至魏晋、南北朝时期得到发展，在隋、唐两代达到鼎盛。

佛教与我国传统文化相结合，成为中华民族古代文化的重要组成部分。

《荷马史诗》

早在公元前12世纪以前，古希腊已有口头诗歌广为流传，诗人则是身兼乐师和歌手。

当时诗歌的题材是多方面的，在历代相传的过程中，无数无名诗人对诗歌的语句进行积累、加工、剪裁和创作。大约到公元前8世纪时，有一位伟大的诗人荷马，他将一些短篇史诗围绕一个中心结合起来，进行统一加工提炼，使其具有更高的艺术价值和特色，成为一部光耀历史的大型史诗。这就是著名的《荷马史诗》。

◆ 荷马塑像

《荷马史诗》分为两部分：《伊利亚特》和《奥德赛》。《伊利亚特》成诗的时间早一些，《奥德赛》则是荷马晚年的作品。

史诗《伊利亚特》共24卷，15 693行，主要叙述特洛伊战争最后一年的故事。

希腊军队的主将阿喀琉斯骁勇善战，屡建奇功，是希腊人心目中

的大英雄，在军队中享有盛誉。可希腊联军的统帅阿伽门农却把他心爱的女奴夺去，这使阿喀琉斯大为恼怒。于是他一怒之下把自己的队伍拉回希腊，退出了战场。这样一来，希腊军力量大减，眼看就要落败。

阿伽门农一见势头不好，从大局出发，便主动向阿喀琉斯道歉，使得阿喀琉斯重新参战。他重回战场后，身先士卒，大败特洛伊军，还杀死了特洛伊王子赫克托尔。后来，特洛伊国王深夜来到阿喀琉斯营中，请求以重金赎回儿子的尸体。"可怜"的特洛伊国王得到了阿

◆ 荷马吟诗图

喀琉斯的同情，阿喀琉斯答应了国王的请求。双方约定，停战12天，12天后再战。

但阿喀琉斯没想到，他中了敌人的圈套，特洛伊的将领趁阿喀琉斯疏于防备，用暗箭射死了他。

《奥德赛》叙述的则是希腊军中足智多谋的英雄奥德修斯在战争胜利后渡海回国，历尽艰险的故事。

奥德修斯是希腊伊大卡岛的国王，就是他在战争中想出了"木马计"，使希腊联军打败特洛伊。但希腊联军的大肆屠杀和掠夺触怒了天神。奥德修斯在回国途中，海上起了大风暴，希腊联军

◆陶瓶画　此画描绘的是《荷马史诗》中的英雄忒修斯率其伙伴弃舟登岸的情景

的军舰大多沉没。

在狂风大作时，奥德修斯的一些伙伴被一个独眼巨人吞食。后来，奥德修斯和其他一些幸存者来到了一个国家，这里的人以椰枣为食，过路的人若是吃了这里的椰枣就不愿返回故土了。这对时刻期待着回乡与家人团聚的奥德修斯来说又是一个沉重的打击。

尽管如此，奥德修斯还是组织人乘船驶向家乡。后来，风神送给他们一袋礼物。就在故乡已经遥遥在望时，水手们以为袋中一定是稀有的财宝，便把袋子解开了，结果从里面吹出各个方向的大风。风又把他们吹走了。

奥德修斯他们又随风漂到了能把人变成猪的女巫的妖岛。在那里，他们遇到了6头12足的女妖。此后历经艰险，克服了重重困难，奥德修斯他们又来到了太阳神的岛上。由于水手们宰了岛上的神牛，触犯了神规，天神宙斯用雷霆击沉了他们的船。船上的人全部遇难，只有奥德修斯一人幸存。

奥德修斯脱险后，又在一个岛上被仙女挽留了7年。7年后，天神宙斯命仙女放他还乡。漂泊了10年之后，历经了千辛万苦，奥德修斯终于回到了家乡。

可是由于奥德修斯多年不回，人们以为他已经死去，许多贵族公子纷纷到奥德修斯家中向他的妻子求婚，但奥德修斯的妻子坚信丈夫没有死，他肯定会回来的。为了应付这些求婚者，她想了一个办法：谁能把奥德修斯的弓拉开并用箭射穿12把斧柄孔，谁就有资格求婚。但这些求婚者中没人能做到。

这时奥德修斯赶了回来，他装扮成一名乞丐，毫不费力地打开了宝弓并射穿了12把斧柄孔。然后，他与儿子和仆人联手铲除了那些恶棍，与妻子团聚，重新做了国王。

从这个故事可以看出，《荷马史诗》记载的诗歌作品是历史和神话传说相结合的杰作。两千多年来，西方人一直把《荷马史诗》奉为古典艺术的瑰宝。

历史上也把公元前11世纪至公元前9世纪这几百年，称为希腊历史上的"荷马时代"。

埃 及 艳 后

公元前48年，盖乌斯·尤利乌斯·恺撒亲率罗马大军追杀他的政敌庞培，一举攻入埃及。埃及国王托勒密十三世为了讨好恺撒，于是派人刺杀逃到埃及避难的庞培，并把他的首级献给恺撒。

恺撒大军屯驻埃及，埃及人畏其军威，都把恺撒视若神明。因此，上至国王，下至贵族大臣，纷纷给恺撒送礼。

一天夜晚，恺撒突然听人报告，说是埃及女王克里奥帕特拉要见他。按照当时埃及人的习俗，第一次见贵客要送上毛毯一条。不一会，就有两位埃及宫使抬入一捆毛毯。奇怪的是，这两位送毛毯的人把礼物送入恺撒的住处便告辞而去。

◆ 埃及女王头部雕像

恺撒早闻与托勒密十三世共同执政的女王克里奥帕特拉是一个十分美艳的女人，今天见她送来礼物，自然满心欢喜，急令人打开那捆毛毯。谁知手下人刚刚打开外面的包装布，就见毛毯自动打开了，从

里面钻出一个十分娇艳的美女来，恺撒一时惊得手足无措。

那女人悄声地请求他屏去左右人，恺撒镇定情绪后立即照办。之后，那女人开口说道："本人便是克里奥帕特拉女王。"

◆ 恺撒与埃及女王一起步入王宫（油画）

恺撒一听，惊得张大了嘴巴，于是，连忙请其入座，让人摆上香茶美酒，殷勤招待这位女王。女王也向他讲述了自己的故事。

原来，克里奥帕特拉本是埃及国王托勒密十二世的宝贝女儿。她从小天资聪颖，美貌出众，在当时就有"绝代佳人"的美誉。从幼年起，她就受到良好的教育，成人后，学会了多种语言，面对众多的外交使节，她都可以应付自如，加上她迷人的外貌，她的艳名大噪欧非各国。

克里奥帕特拉还是一个权力欲极强的女性。老国王去世后，她受父皇遗诏，与同父异母兄弟托勒密十三世共同执政。在二人共同执政期间，克里奥帕特拉常常出风头，独断专行，结果兄妹二人如同水火，

反目成仇。但托勒密十三世比她的势力强大，一时不好发作。此次恺撒到了埃及，克里奥帕特拉有了心计，决定以自己的姿色，赢得恺撒的支持，废掉兄长，让自己单独执政。

埃及娇艳女王主动投入怀抱，恺撒哪有不支持之理。于是在恺撒的扶持下，托勒密十三世被废除了，克里奥帕特拉总揽了埃及一切大权。

只是按照埃及的国情，女王不能单独执政。为了掩人耳目，克里奥帕特拉无奈，又选了另一位异母兄弟托勒密十四世与其结婚，共同执政，实际上是找了一个傀儡。过了一段时间，克里奥帕特拉又嫌托勒密十四世碍手碍脚，就用毒药将其害死，立自己年幼的儿子托勒密十五世为国王。

克里奥帕特拉专权期间，埃及社会动荡不安，特别是公元前44年恺撒遇刺去世以后，政局更不稳定，社会危机日益加深。为了稳定自己的统治，她又投靠了恺撒的部将安东

◆ 恺撒半身雕像

尼，并在公元前37年下嫁给这位罗马执政官。安东尼在这位女王姿色的诱惑下，居然大发慈悲，把叙利亚东部地区、腓尼基沿岸一些城市、塞浦路斯岛，以及纳巴特王国等罗马占领地赏给了埃及。

安东尼的做法引起了罗马人的不满，人们纷纷谴责他的卖国行径。罗马元老院对此召开大会，宣布安东尼为"祖国之敌"。

此时，统治罗马的执政官是恺撒的侄孙（后收为养子）屋大维，他是一位比恺撒更有作为的人。公元前31年，他亲率大军，在希腊的西海岸与安东尼和克里奥帕特拉的联军作战，大获全胜。安东尼自杀身亡，克里奥帕特拉狼狈地逃回埃及。

接着，屋大维大军直奔埃及，女王这时才慌了手脚，于是故伎重演，企图再以色相引诱屋大维。谁知屋大维不为所动，女王最后也只得引剑自刎（也说中毒而死）。

公元前30年，屋大维占领埃及全境。至此，统治埃及200多年的托勒密王朝彻底灭亡，埃及领土全部并入罗马帝国的版图。

世界上下五千年

SHIJIESHANGXIAWUQIANNIAN

"上帝之子"的降生

◆ 油画《耶稣降生》

公元前20世纪前后，古老的犹太民族定居巴勒斯坦一带。他们信奉上帝耶和华，认为他是神中之神，并创立了犹太教。于是，有关上帝耶和华的神奇故事就在巴勒斯坦一带流传开来。人们相信，世界上的一切都是上帝在七天之内创造出来的：第一天创造天地；第二天创造空气和水；第三天创造树木、水果等植物；第四天创造了日月星辰；第五天创造了飞禽走兽；第六天创造了人；第七天上帝休息。

这些故事都被后人整理成书，名为《旧约全书》。

大约又过了四五百年，强大的罗马帝国征服了西亚和东欧各国，奴役那里的人民。在这种黑暗的统治下，犹太人过着十分悲惨的生活。他们虽然多次起义和暴动，但都被镇压下去。于是，人们把希望寄托给耶和华上帝，盼望着上帝能降给他们一位救世主。不久，人们便争相传说，上帝的儿子降生了，他是来拯救人类的，这个

救世主就是耶稣。

关于耶稣的降生，有一个十分动人的故事。

有一个美丽的姑娘名叫玛丽亚，她和一个叫约瑟的小伙子订了婚。谁知快到婚期时，玛丽亚发现自己怀孕了。善良的姑娘把这个不幸的消息告诉了约瑟，约瑟十分痛苦。在当时，未婚而孕的姑娘被视为不贞，可约瑟又十分爱着玛丽亚，经过激烈的思想斗争，约瑟决心解除这个婚约。

◆ 油画《圣母抱耶稣》

这天夜里，约瑟做了一个奇怪的梦，梦见一位天神从天而降，对他说道："玛丽亚怀孕是上帝的旨意，她怀的是上帝的儿子，名字叫耶稣。将来，他会把人类从罪恶中解脱出来，让他来拯救世界。你不必怀疑，放心娶玛丽亚吧！"

约瑟一觉醒来，便遵照天神的嘱咐，与玛丽亚成了亲。婚后不久，约瑟带着玛丽亚来到耶路撒冷。当时正值冬季的黑夜，他

◆ 雕像——耶稣与孩童

◆ 美国新奥尔良市圣母玛丽亚雕像

们找不到合适的住宿地，只好在一个马棚里过夜。谁知就在这天夜里，玛丽亚生产了，一个男孩生在了马槽里。约瑟便给他取名耶稣。据说耶稣降生那天，天上有一颗明亮的星星落在耶路撒冷。有的先哲看到后高兴地说："救世主耶稣降生到人间来了。"

耶稣降生的故事对世界影响巨大，几乎东西方文化都接受了它。后来，全世界的公元纪年，就以耶稣降生的那一年为公元元年。

据说耶稣12岁时，跟他的母亲玛丽亚游览神庙。谁知他进了神庙就不愿离去。母亲来找他，他反问母亲："为什么要找我？你们不知道我应住在我父亲的家里吗？"玛丽亚听后十分惊奇，她知道儿子意识到自己是上帝的儿子了。

成人后的耶稣开始漫游中东各地，在约旦河边，他接受了一个叫约翰的教士的洗礼。据说，接受洗礼就是接受上帝的圣灵。

经过洗礼后的耶稣又经受了种种考验，如让他连续40天不吃不喝等。种种考验过去了，耶稣的头上便出现了一个巨大的光圈。这光圈，

人们在黑暗中看得清清楚楚。从此，耶稣的信徒越来越多。30岁时，耶稣开始收徒传教，向人们讲述天国的道理："凡是虚心的人都是幸福的，天国将属于他们；凡是和睦的人都是幸福的，他们将被称为上帝的儿子；凡是被人辱骂，被人欺凌的人都是幸福的，他们死后将在天上得到赏赐；凡是仇恨别人的人，一定要受到上帝的审判！"

油画《耶稣被钉十字架》

耶稣还告诉他的信徒："要爱敌人。""恨你们的，你们要待他好；诅咒你们的，你们要为他祝福。""有人打你的右脸，你把左脸送给他打。"

传说耶稣具有非凡的本领，经常为人民做好事。有一个麻风病人来朝拜他，他伸手一摸，麻风病就好了。一个门徒的母亲有病发高烧，

读好书系列

DU HAO SHU XI LIE

◆ 耶稣的受难之路

耶稣伸手一摸，高烧马上退了。耶稣和他的门徒来到一个城里，遇到
五千个饥饿的要饭的人。虽然当时门徒手中只有5张饼，2条鱼，但耶
稣还是让门徒把东西分给要饭的人吃。结果奇迹出现了，那饼和鱼怎
么也掰不完，掰一下就变成两张饼或两条鱼，直到"五千人"都吃饱
才停止。

◆ 油画《耶稣复活》

耶稣的死亡和复活也有一段奇异的故事。

据说，由于信奉耶稣的人越来越多，官吏和祭司长十分仇恨他，他们想方设法要把耶稣害死，可是他们又认不准谁是耶稣。于是，祭司长就用30枚银币，收买了耶稣的门徒犹大。就在那天晚上，耶稣和12个门徒共进晚餐。耶稣说："有人出卖了我。"门徒听了都很惊慌。做贼心虚的犹大故意问道："您说的是我吗？"耶稣说："你说得对！"于是犹大不安地低下了头，一声不吭。

第二天，耶稣和他的12个门徒一道出去，正遇到祭司长和一些打手。犹大向祭司长使了个眼色后，就一把抱住耶稣，表示要向耶稣请安。这时，打手们一拥而上，把耶稣绑了起来。耶稣的一个门徒为了救出耶稣，抽出刀来反抗，并削掉了一个打手的耳朵。耶稣忙说：

"快住手，不要动刀！凡是动刀的，将来都要死于刀下。"这个门徒只得收了刀。

耶稣被捕，并被判处死刑。他被钉在十字架上直至死去。三天以后，耶稣复活了。人们奔走相告，赶来朝拜他。耶稣对人们说："只要你们遵照我的吩咐去做，我会永远和你们在一起。"

据说，耶稣复活的那天，是在春分月圆之后的第一个星期日，这天就是现在基督教的复活节。之后，人们又把耶稣的生日（12月25日）作为"圣诞节"。现今，圣诞节和复活节仍是世界最盛大的宗教节日。钉死耶稣的十字架也因此风靡全球，成了圣物。凡是基督教堂都要建有十字架的屋顶。一些青年少女更喜欢戴有十字架的项链。

后来，人们把耶稣诞生以后的故事整理成书，名为《新约全书》。自此，《旧约全书》和《新约全书》被称为《圣经》，成了基督教的经典。

百年战争中的圣女贞德

1337年，中世纪的英国和法国为争夺领土展开了旷日持久的战争，直至1453年才宣告结束，历时110余年，被史学家称为"百年战争"。

英国的封建王朝历史上，有一个金雀花王朝。这个王朝的名字颇有些诙谐和浪漫。更新鲜的是，这个英国王朝竟然是由法国人开创的。法国的安茹伯爵在1154年取得了英国王位，同时在法国还保持

◆ 油画《圣女贞德》

着大于法国王室领土数倍的领地。安茹伯爵继任英王后，称"亨利二世"，他的父亲戈德弗鲁瓦的帽子上经常插着一朵金雀花，人们从"太上皇"这奇异的装束上，便给安茹王朝起了这么个雅号。

1328年，法王查理四世去世，他无子嗣继承王位。于是他的两个亲戚便争夺起来，一个是堂兄，一个是外甥。查理四世的外甥就是金雀花王朝的在位国王爱德华三世，他没有在竞争中取胜，查理四世的

世界上下五千年
SHIJIESHANGXIAWUQIANNIAN

堂兄腓力六世继承了王位。腓力六世为加强王权，实现统一，力图收回英国在法国的全部领地。战争直接起因就是英法争夺法国的重要城市佛兰德斯。

位于法国西北部、比利时西部的佛兰德斯，濒临加来海峡，是13至14世纪欧洲发达的毛织中心之一。法国企图完全控制该城。但该城的主要生产部门毛织业却依赖英国输入羊毛，因而市

◆ 爱德华三世画像

民都支持英国。

　　1337年11月爱德华三世为夺取富饶的佛兰德斯，率领英军在法国登陆，百年战争从此开始。

　　战争初期，英军先后取得克雷西战役和普瓦提埃战役的胜利，法军连遭失败，国王也当了俘虏，被迫对英国割地求和。1360年双方签订《布勒丁尼和约》。法国利用战争的间隙，改革财政，整顿军队，于1369年发动攻势，至1380年收复了大部分失地。1396年双方又签订了为期20年的停战协定。1415年英国又出兵法国，在阿金库尔战役中大败法军，随后占领了包括巴黎在内的法国北部全境。1420年两国再度

议和。1428年英国从其占领的法国领土南下，围攻奥尔良城；法国面临着亡国之险。

奥尔良城是10世纪至11世纪法国的王城和首都，是法国商业和交通的枢纽。这个通往南方的重要门户一旦失守，法国就有全部沦陷的危险。1428年10月英军包围奥尔良城后，在城周围修建了几十个堡垒，封锁了全城。虽然奥尔良城的军队奋勇抵抗，但是外无救援，解围无望，人心涣散。此时法王查理六世已死，查理

◆ 贞德率领她的人马见国王

七世新登王位。查理七世退守到南方后，处境窘迫，派不出一员良将能够解救奥尔良城之危。正当法国人陷于绝望之中，年仅17岁的贞德挺身而出。

贞德出身于法国香槟和洛林之间的栋雷米村的一户农家。她的家乡就曾沦陷过，惨遭侵略者的蹂躏和践踏，因此她幼小的心灵中便埋下了仇恨的种子。长大以后，她练就了一身作战的本领。在祖国遭危

◆ 巴黎圣母院大教堂内的贞德雕像

急之际，这个有胆有识的纯洁少女，出于对宗教的虔诚和忠君勤王的意识，以拯救祖国为己任，毅然前往希农城查理七世的行宫谒见国王。她声称自己获得了上帝的启示，法兰西将得到"洛林边境童贞女的拯救"。她以赤诚的报国之心，借以上帝的名义，排除了种种的阻碍，终于说服了国王委托她率军解奥尔良之围。

1429年4月29日，贞德披坚执锐，骑着一匹白马，打着绣有圣母玛丽亚像的白边军旗，率领3 000援军进入奥尔良地区。贞德到达前线后，亲自侦察了英军的阵势，拟定好作战方案，决定利用英军围城部队据守要塞、各自为战、兵力分散的弱点，采取集中兵力各个击破的战略消灭敌人。她为了鼓舞奥尔良军民的必胜信念，激发他们的斗志，在当时的条件下，她也只能给自己披上一层宗教的外衣。她告诉奥尔良人自己是受命于上帝来解救他们的。否则，又有什么办法能让人们相信她这个农家姑娘呢?

5月4日，贞德率军攻打圣洛浦要塞。首战告捷，攻下这座要塞不仅极大地鼓舞了法军的斗志，而且保证了后方粮草补给线的安全。这在军事上是具有战略意义的明智之举。接着法军又连续攻克了两个英军堡垒。5月7日，夺取土尔斯堡的战斗打响，这是英法争夺奥尔良的关键一仗。贞德高举军旗，冲锋陷阵，边指挥战斗，边奋勇杀敌，但不幸中箭，负伤昏迷，被救下火线。英军见法军主帅受伤，壮起胆来，奋起反扑，法军进攻受挫。奥尔良城防司令见状，怕部队伤亡太重，请示贞德收兵撤退，贞德理都没理，她拔出身上的箭头，忍着剧痛，高举起那面圣旗，奋不顾身地向敌阵冲去。法军官兵见统帅英勇无敌，大受鼓舞，人人精神振奋，个个英勇顽强。贞德下定决心去争取最后的胜利。她挥舞战旗，激昂地高呼："战斗吧！勇士们，我们胜利了！"法军士兵纷纷响应高呼着"我们胜利了！"拼命进攻。土尔斯堡攻克了，驻守该堡的英军全部被歼灭。围城英军司令在向总部的报告中说："他们依仗一个女子，她运用神秘的方法作战，似乎是上帝在攻打我们。我们不仅受到重创，人员大为减少了，士兵作战的勇气也受到挫伤。"他接到命令后，第二天就宣布撤军，解除了城围。

奥尔良解围战的胜利，是百年战争的转折点。贞德为保卫祖国做出了巨大的贡献，她唤起了法兰西民族意识，给法国带来了胜利的希望和信心。法国军民乘胜反击，不断地在全国收复失地。1453年10月，除加来港以外，法国领土上的侵略者全部被消灭，百年战争以法国的胜利宣告结束，从此法国实现了政治上的统一。

令人痛心的是，贞德并没有看到战争的最后胜利和祖国的统一。1430年在一次战斗中，她被勃艮第公国俘获。勃艮第公国将

其卖给英国人。英教会法庭诬称她为"女巫",判处火刑。翌年5月,英勇就义。

贞德虽然死,但是法国人民永远真诚地崇敬她和感激她。她是法国人民引以为豪的英雄,人们亲切地称她为"圣女贞德"或"奥尔良姑娘"。她的事迹,世世代代家喻户晓。她永远活在法国人民的心中。

哥伦布发现新大陆

◆ 哥伦布像

　　1452年，哥伦布在意大利的热那亚城出生。那时，欧洲各地正掀起一股航海探险的热潮。热那亚更是一个航海事业非常发达的城市。哥伦布年轻时，就曾多次参加短途的航海活动。特别是距他出生前的100多年，马可·波罗东游的壮举，给了他很大鼓舞。少年时期，正赶上《马可·波罗游记》一书正式出版发行，此书成为青年的热门读物。因此，哥伦布也和其他青年一样，喜欢冒险和旅行。不久，地理学家又得出地球是圆球形的结论，于是有些航海家深信，只要一直往西航行，就能像马可·波罗那样到达东方。

　　当时，欧洲各国经济都很发达，使用的货币都是金币，因此黄金就成了财富的象征。整个欧洲出现了黄金热，从国王到臣民，都在疯狂地寻找黄金。哥伦布也不例外，他曾说过："黄金是一个令人吃惊

的东西！谁有了它，谁就可以为所欲为，做到一切。有了黄金，可以把灵魂送上天堂。"

马可·波罗在他的书中把东方说成"黄金遍地"，于是便有一些冒险家为了黄金驾起帆船远航。最早寻找新航路的是葡萄牙的迪亚士。1486年，他航行至非洲最南端

◆ 此图表现了哥伦布航海中把装有羊皮纸信的木桶扔入大海的情景

的好望角。虽然没有找到大量的黄金，但给那些跃跃欲试的冒险家很大鼓舞。哥伦布此时已是一名富有经验的水手，他决心去航海，寻找新的航路。但是，进行遥远的航海需要大量的金钱和巨大坚固的船只，这两样他一样也没有。于是，在1486年，他来到富有的西班牙，向西班牙国王讲述了他想开辟新航路的计划。此时的西班牙很发达，也想向外扩张，西班牙国王很欣赏哥伦布的主意。1492年4月17日，西班牙国王和哥伦布签订了一个协定，答应一切费用由西班牙赞助，哥伦布被封为将来那些新发现岛屿和土地的统治者，还把新土地的总收入的二十分之一给予哥伦布，而新土地的所有权属于西班牙。这一协定被称为"圣大非协定"，哥伦布答应了这些条款。

1492年8月3日，经过长期的准备，哥伦布的船队从西班牙出发。他的船队由三艘大帆船组成，总共87名水手。船队离开西班牙的海岸，一直向西航行。1492年10月12日凌晨，经过两个多月的航行，水手们实在忍受不了艰苦的水上生活，因此怨声四起，几乎要发生叛乱。这时，一名水手突然惊叫："看哪！前面有陆

◆ 哥伦布画像

地！"众人一看，果然是一片长着绿色植物的陆地。待到帆船靠岸，众人下船登上去一看，原来是一个岛屿，上面有水有食物还有人居住。一个水手向同伴高叫道："啊，救世主！"于是，哥伦布就把这个岛屿叫做圣萨尔瓦多（意为救世主）。实际上，那个岛屿就是现在的巴哈马群岛中的华特林岛。

哥伦布以为他们到达的地方就是人们常说的东方富国印度，于是就把这里的人称作印第安人。接着，哥伦布又向南，到达古巴和海地。

◆ 哥伦布纪念碑。碑顶上是哥伦布的雕像，他面朝美洲新大陆方向。基座四面的浮雕分别表现哥伦布发现新大陆的过程

他发现，这里都是大大小小的岛屿，根本没有那么多的黄金。但是，哥伦布却以殖民者的身份在那里建立了据点，用廉价的欧洲商品换取印第安人的贵重物品。

1493年3月15日，哥伦布带着掠夺来的财富和10个印第安人回到了西班牙的巴罗士港，向欧洲人宣布，他已经找到了通往印度的航路。消息一出立刻引起轰动，哥伦布得到了西班牙国王的礼遇，并将他封为西班牙的贵族。

在这里还有一个关于哥伦布的非常有趣的逸事。一天，哥伦布应邀参加一个西班牙贵族为他举办的宴会。一些妒嫉他的人也来了。这些傲慢自负的名流迫不及待要给哥伦布一个难堪。其中一位对哥伦布说："你发现了一个奇怪的大陆，那又有什么了不起？我们不明白为什么要对这件事大谈特谈。任何人都能穿过海洋航行，并且任何人也都能像你一样有所发现，这是世界上最简单的

事情了。"

哥伦布没有说话，他略微想了想，从碟子里拿出了一个鸡蛋，对这些傲慢的家伙说："先生们，你们当中谁能把这个鸡蛋竖立起来？"那伙人一个一个地都上前试验，结果谁也没能把鸡蛋立起来。他们都说，这是不可能的事。

这时哥伦布拿起了鸡蛋，看了看这些傲慢自负的人，然后把鸡蛋的一头轻轻地往桌子上一磕，鸡蛋壳被磕平了一小块，鸡蛋便直立在桌子上了。那些人见了个个目瞪口呆。哥伦布对他们说："先生们，还有比这更简单的事情吗？可是你们没有人去做。我只是做了你们没有做过的事情。"

哥伦布确实做了一件别人没有做过的事情，而恰恰是这件别人没有做的事情，才使世界知道，有个美洲大陆，从此开辟了新的航路。

1498年，哥伦布再次到达美洲。1502年，他又第三次航海到达美洲。直到他在西班牙的巴利亚多利德病逝，他一直以为他发现的陆地，就是东方的印度。

与哥伦布同时期的冒险家意大利人阿美利哥于1499年也率船队到达美洲。他穿过了中美洲大陆，看到了浩瀚的太平洋，于是他说，哥伦布发现的不是印度，而是一个新的大陆。后来，人们就把阿美利哥发现的这一大陆称为"阿美利哥洲"（简称"美洲"）。

在哥伦布发现新大陆后的20年，许多冒险家都行动起来。其中最有成就的是葡萄牙人麦哲伦。他于1519年9月20日在西班牙国王的资助下，带着265名水手，驾着5条大帆船，开始了人类历史上的第一次环球航行的壮举。他们于1520年到达美洲最南端，1521年3月横过太平洋到达菲律宾群岛。在菲律宾群岛上，麦哲伦被土著杀死。他的同伴驾

船继续西行，于1522年9月返回西班牙。哥伦布、麦哲伦的冒险活动及新航路的开辟，是世界交通史上的大事件。它使东西方的文化得到进一步的交流。

英国工业革命

　　18世纪60年代，英国由于先于欧洲其他国家走上了资产阶级革命的道路，革除了制约生产力发展的封建制度，经济发展迅猛，国内外市场迅速扩大，对工业品的需求量大大超过了手工业生产所能提供的数量，从而促进了生产技术的变革，形成一股势头强劲的革新风潮。这场工业界的革命是随着纺纱机和蒸汽机的发明开始的。

　　1733年，约翰·凯伊发明了飞梭，改变了靠手工穿梭织布的落后方法，提高了功效。但飞梭织布机的使用使棉纱供不应求，进而刺激了纺纱技术的革新。

　　1764年，纺织工人詹姆斯·哈格里夫斯发明了一台能同时纺8根纱的纺织机，后来经过改进，竟能纺出80根纱。

　　1769年，理查德·阿克莱特在詹姆斯的纺纱机的基础上发明了以马力作动力的纺纱机。两年后，他建立了以水力作动力的工

◆ 珍妮纺纱机

厂，从此开始了以工厂代替手工作坊的过程，开辟了现代工业的新时代。

后来，塞缪尔·克隆普顿经过五年的反复实践，于1779年发明了新型纺纱机。后来又经他人改进成自动纺纱机，每架机器同时可纺三四百个纱锭，而且纺出的棉纱精细而结实。

这样，纺纱机的技术问题基本解决了，纺纱的效率大大提高。于是，纺纱和织布之间又出现了严重的比例失调，织布技术的革新又成了当务之急。

织布机的发明酝酿了很长时间。牧师卡特莱特在木工和铁工的协助下，于1785年制造出一架自动织布机。卡特莱特于1791年建立了第一座织布工厂。在他的工厂里，一个小孩看管水力织布机，一天织的布相当于用老办法一周织布的数量。

在发明纺纱机和织布机同时，棉纺织工业的相关行业——冷棉、梳棉、漂白、整染等也相继实现了机械化。毛、麻、丝纺织工业也逐

◆ 斯蒂芬森发明的蒸汽机车

渐采用机器生产，尽管时间要晚一些。

棉纺织工业的技术革命推动了其他工业发展，其中最重要的是动力、钢铁、交通运输和机器制造等工业技术上的变革。

18世纪70年代至18世纪80年代，棉纺织工业的动力主要是水力。纺织厂必须建在有水力的地方。水力不但受到地区和季节的限制，还受到河流落差和流量的限制，迅速发展的工厂工业迫切需要发明一种

◆ 瓦特像

适应性更广的发动机。于是，蒸汽时代来临了。

瓦特并不是第一个发明蒸汽机的人，在他以前很久，就有人开始了利用蒸汽的研究。1698年，英国人塞维利就发明了蒸汽抽水机，后来纽科门又在塞维利抽水机的基础上，于1705年制成了可以用于矿井的工业蒸汽机，但这种抽水机效率很低，耗煤量很大。

瓦特是格拉斯哥大学的仪器修理工，曾接触过许多机器和仪表，修理过纽科门的蒸汽抽水机，知道它的缺陷。他利用潜热原理发明了

◆ 年老的瓦特

分离冷凝器，制成了单动式蒸汽机。这种蒸汽机克服了纽科门蒸汽机汽缸时冷时热的缺点，提高了热功效率。之后，瓦特在企业家博尔顿的资助和合作下，继续改进他的蒸汽机，经过十多年的努力，终于在1782年制造出了双向式的蒸汽机。这种机器通过传动装置可做旋转运动，使它可以用作各种机器的动力。瓦特蒸汽机的耗煤量由纽科门蒸汽机每马力25公斤降低至每马力4.3公斤，极大地提高了效率。

蒸汽机的发明和完善解决了机器的动力问题，使工厂可以设在原料、燃料、劳动力资源、交通运输和市场条件较好的地方。蒸汽机大大促进了机器的运用和工厂的产生，使工业技术的变革出现了新的飞跃。

当然，最新的蒸汽机还很不完善，可靠性差，而且由于专利权的关系，购置蒸汽机要付很高的使用费，所以蒸汽机并不是一下子就推广开来的。1785年，蒸汽机开始用于棉纺厂，1791年开始用于织布厂，以后逐渐在毛、麻纺织工业和煤炭、冶金、交通运输等工业部门广泛

采用。1800年，大约有500部"博尔顿—瓦特式"蒸汽机用于生产，到1825年，蒸汽机数已增至15 000台，比1800年增长30倍。

工业的发展离不开钢铁，这又促进了炼钢技术的革命。

传统的炼钢方法以木炭作为原料，到17世纪，英国的森林资源被砍伐殆尽，钢铁的产量直线下降。但英国是煤藏量丰富的国家。1709年，亚伯拉罕·达比发明了用煤炼成焦炭后炼钢的新技术。后来经过改造，可在12小时内炼出15吨精铁，提高功效15倍。1785年，第一座近代化钢铁厂建成，熔炉又比过去扩大了50倍，钢铁产量猛增。

这些领域的革新，又促进了交通运输业，开凿运河、公路改良、铁路兴建和交通工具的机械化随之而来。

1812年，亨利·贝尔建造的蒸汽船试航成功。7年后，英国建立轮船航运公司，航行范围为大西洋地区。

1804年，特里维西克发明火车头。1823年，英国出现世界上第一条铁路。到1850年，英国已建成铁路6 000英里，传统的水路、陆路运输退居次要地位。

交通运输业的技术革命降低了运费，加快了货运的周转速度，方便了劳动力的流动，反过来又使技术革命如虎添翼，经济发展一日千里。

正是工业革命奠定的坚实基础，使英国一跃成为近代史上的第一强国。

美国独立战争的第一枪

美国是现在世界上最发达的国家之一，可它成为一个独立的国家距今却只有200多年。18世纪中叶，北美洲还只是一个以移民为主的英国殖民统治的大陆。自1774年9月北美洲召开"第一届大陆会议"以后，英国政府同美洲大陆的关系顿时紧张起来。驻美洲的英军和美洲自发组织的民兵之间更是剑拔弩张。

1775年初，波士顿英国驻军司令托马斯·盖奇将军接到英王命令：用武力收缴大陆的枪支和一切武器。盖奇将军本来

◆ 华盛顿像

是一个和蔼可亲的英国绅士，很有风度。他的妻子也是一位出生在美洲的大陆人。但是，他作为英军司令，不能不执行英王的一切命令。

当时，波士顿有一位很有头脑的医生叫约瑟夫·沃伦，他在1775年2月20日写给他英国朋友的信上说："以和平的方式来处理争端现在还不算太晚。但是，我认为，一旦盖奇将军率领部队执行议会最近通过

◆ 1755 年 4 月 19 日黎明,在莱克星顿公有草地上,身着红制服的英军向殖民地民兵开火

的法令，英国至少得从新英格兰各殖民地退出，如果我没有弄错的话，还会同整个美洲告别。如果那个国家还有智慧，但愿上帝尽快地将它召唤回来吧。"此话果然被他言中了。

1775年4月19日，莱克星顿的枪声揭开了美国独立战争的序幕。

前一天夜里，马萨诸塞总督兼殖民地英军总司令盖奇，派遣800名英军到离波士顿西北27公里的康科德搜查当地反英组织的秘密军火库，并准备逮捕他们的领导人。波士顿的民兵得到消息后，立刻派银匠保尔·瑞维尔骑马到康科德告警，并通知沿途民兵做好战斗准备。第二天凌晨，英军途经莱克星顿镇时，遭到民兵的伏击。"砰！砰！"两声枪响，使莱克星顿周围的民兵闻讯从四面八方赶来，这些民兵被称为"一分钟人"，即他们得到警报后，在一分钟之内就能武装行动起来，在最短的时间内就能投入战斗。"一分钟人"很快就将英军团团围住，从墙角屋后，从篱笆墙、灌木丛中射出一发发仇恨的子弹，英军往日的威风一扫而光，狼狈不堪地突围逃窜。有247名英军伤亡在莱克星

◆ 1781 年 10 月 19 日下午 2 时,最后一支英军在约克镇投降,他们的乐队奏起了当时的流行歌曲《世界变得天翻地覆》

顿,其余的仓皇逃回波士顿。

莱克星顿的枪声表明了殖民地人民用武力争取独立的决心。13个殖民地武装反抗的浪潮风起云涌,此起彼伏。各地民兵争相夺取英国军队的武器弹药,袭击英国士兵。英国国会通过了"不可容忍法令",对民兵进行残酷的武装镇压,结果激起殖民地人民更加强烈地反抗。

在人民的推动下,13个殖民地的代表在费城召开了"第二届大陆会议",会议正式通过决议:以武力反抗英国,建立正规军,任命华盛顿为大陆军总司令。7月4日,第二届大陆会议通过了《独立宣言》。《独立宣言》是北美殖民地人民反对英国殖民统治,进行独立战争的资产阶级政治纲领。《独立宣言》正式宣布成立美利坚合众国。

大陆军总司令华盛顿生于弗吉尼亚州威斯特摩兰县,从小务农,成年后管理庄园。后在英国殖民军中服役,获少校军衔。这段经历对他后来的军事活动影响很大。华盛顿对自己担任总司令之职感到责任重大。尽管美国人民争取独立、反抗英国殖民者的斗志十分坚强,但,英国是世界头号强国,相比之下北美殖民地却十分落后,双方力量相

◆ 1789 年在纽约举行的华盛顿总统授权仪式

差悬殊。

华盛顿上任后，大力整顿了由各州反英民兵组成的大陆军，并组织了新的志愿兵，重新整编军队。他亲自筹集粮食和武器，强化部队的正规化建设。经过数年的战争，边打边练，越战越强，在多次战役中获胜。

1777年春，英国政府为了尽快打败北美大陆军，组织三路大军进攻奥尔巴尼，企图占领哈得逊河流域，切断华盛顿大陆军同新英格兰军的联系。但是三路大军由于缺乏统一指挥，两路没有按计划行军，只有伯戈因率领的一路大军，从加拿大沿哈得逊河南下，形成孤军深入之势。华盛顿抓住英军兵力分散及配合很差的弱点，及时派出斯塔克将军将伯戈因包围在纽约州萨拉托加一带，打响"萨拉托加"战役。

战争以英国的失败而告终。1777年10月14日，伯戈因被迫率余部5 000人向北美大陆军投降，萨拉托加战役是扭转战局的关键一役，大

陆军从此转入战略进攻状态。1781年10月19日，英国殖民军统康华和斯在弗吉尼亚州约克镇向华盛顿投降，战争遂以英国的失败而告终。

英国议会于1782年3月通过停战的决定。同年10月，美国派富兰克林为代表，到巴黎同英国进行谈判。1783年9月英美签订《巴黎条约》，英国承认美国独立。条约的签订标志着历时八年的独立战争以美国人民的胜利而宣告结束。

战后，华盛顿当选为美国第一任总统。

北美大陆军取得胜利，这里还要提一提来复枪。在萨拉托加的激战中1 200名配备肯塔基步枪的美国弗克尼亚来复枪团以其准确的射击，以及射程远和隐蔽性强的优势，一举击溃了英国1600名装备滑膛枪的精锐兵团，为美军赢得这一战役的胜利奠定了基础。

来复枪是1470年奥地利科学家卡斯帕·科尔纳发明的，又称步枪。它的枪管内壁刻着螺旋型的沟漕，这种沟漕使射出的子弹产生旋转，射程也就大大增加了。它比当时枪膛光滑的滑膛枪射程增加了一倍，准确度也提高了一倍多。但是科尔纳还不能从旋转抛射物理学的角度解释来复枪子弹飞得又快又准的道理。于是德国巴伐利亚的一名巫师赫尔曼·莫里茨，便散布来复枪的子弹是受了魔鬼的控制才如此之快。在迷信盛行的中世纪，一切都要接受神的检验。德国大主教美因兹为了验证莫里茨的论断，于1547年3月亲自安排两名来复枪手进行比赛。他让一名射手使用普通的铅弹，另一名使用银弹，并且在银制的子弹上都刻上了"十"字，然后由教士亲手装上银弹，并为每发银弹做了驱邪祷告。由于银弹硬度高，而且又刻上了"十"字，因而无法在来复枪里按螺旋线旋转，结果一发子弹也没有击中目标，而铅弹则全部命中。大主教由此断定，来复枪是魔鬼使用的武器。于是他宣布来复

枪必须收缴和销毁，凡是发现制造来复枪的人，一律处以火刑。

一些欧洲清教徒移民把来复枪带到北美大陆。他们为了打猎和与土著人打仗，很需要这种枪支。宾夕法尼亚的枪械工人在此基础上经过加工，终于自制出价格低廉、重仅10磅、装填子弹方便、杀伤力特别强的来复枪，这就是著名的美国肯塔基步枪。

美国南北战争

1861年至1865年，美国发生内战，历史上称美国"南北战争"。

1860年12月20日，南卡罗来纳州的奴隶主召开代表大会，宣布南卡罗来纳与其他各州之间的以"美利坚合众国"为名的联邦从此解散。随之，就有6个州相继退出联邦。

1861年2月8日，南部各州代表大会在蒙哥马利城召开。这次大会成立了"美利坚同盟政府"。

林肯就职总统后，最初试图同奴隶主谋求和解，劝告怀有不满情绪的同胞不要破坏联邦的统一，答应不涉及奴隶制的问题，但是南方人不愿做任何妥协。

◆ 林肯坐像

1860年4月12日，南部同盟军开炮轰击并强占政府军守卫的萨姆特要塞，公开挑起内战。

1861年4月15日，林肯发布宣言，宣布南部7州叛乱，号召人民为恢复联邦的统一而战。

　　经过3个多月的准备，7月21日，双方在华盛顿以南布尔伦河畔的马纳萨斯进行第一次会战。这一次会战，因联邦军指挥官的失误而彻底失败。

　　布尔伦河会战的失败，使北部人民清醒起来，抛弃了最初的轻敌思想，开始认真准备进行一场残酷而持久的战争。

　　1862年1月27日，林肯发布第一号总作战命令，规定2月22日为联邦陆海军部队出击叛军的总行动日。4天以后，林肯向波托马克军团下达特别命令，命令该军团务必于2月22日攻占马纳萨斯，然而该命令却没能实现。

　　8月29日至9月1日，南部同盟军发动了第二次布尔伦河战役，联邦军遭受重创。

　　9月5日，南部同盟军处于优势地位，他们计划夺取宾夕法尼亚境

◆ 此图再现了林肯召开废除奴隶制的部长内阁会议的场景

◆ 反映 1862 年法拉格特舰队攻克新奥尔良时的海战场面的绘画

内的一座铁路桥。因为它是连接西部的枢纽，控制了它，就可以随时对华盛顿、费城、巴尔的摩等重要城市发动攻击，切断联邦政府与西部的联系。这一计划如果得逞，就会导致英法等国对南部同盟的承认，而且可能会使联邦政府垮台。因此，无论对联邦政府还是南部同盟来说，这次行动都至关重要。

联邦政府军和南部同盟军于 9 月 17 日在波托马克河与安提塔姆河之间的狭小阵地上展开激战，这便是南北战争中有名的安提塔姆会战。会战的胜利粉碎了南部同盟的战进攻略，再次成功地阻止了英法等国对南部同盟的承认。联邦政府的地位得到巩固，北部人民受到鼓舞，林肯借此机会发布了《解放黑人奴隶的宣言》，从此南北战争进入相持阶段。

南北双方进入相持阶段后，北部愈来愈有效地发挥其潜在力量，

而南部则在人力和财力上日见匮乏。而且南部一些地方反对分离，弗吉尼亚西部加入了联邦，南部其他一些地方的人民，也痛恨奴隶制，因而也忠于联邦。在脱离联邦的各州中，奴隶主和自耕农场主从分离之日起开始了政治上的分野，自耕农场主既不支持分离，也不支持与联邦作战。许多因素使南部失去了最后胜利的希望。

1862年，战争在各线展开。在东部沿海的战斗中，北部取得胜利，巩固了对南部的海上封锁。在西部，联邦军沿密西西比河移动。2月，尤利塞斯·格兰特将军在田纳西河上的亨利堡、坎伯兰河上的多纳尔森堡作战胜利。4月，又取得了夏洛战役的重大胜利，从而占领了田纳西州和肯塔基州的大部分地区。同年，戴维·法拉格特将军在本杰明·巴特勒等将军的配合下，夺取了新奥尔良。接着，法拉格特沿密西西比河而上，年底联邦军向密西西比州的维克斯堡挺进。

1863年是内战决定性的一年。在西线，格兰特将军迅速包围了维克斯堡，迫使守城军于7月4日投降。联邦军控制了密西西比州，切断了密西西比河地区南部同盟军的供应线。联邦军集中兵力竭力捕捉战机

◆ 南北战争爆发时北方的炮兵部队集结扎营休息

和进攻南军将领罗伯特·李的军队，在佐治亚由威廉·谢尔曼击溃约瑟夫·约翰斯顿。谢尔曼同约翰斯顿进行周旋。最后，打入佐治亚，于1864年9月夺取了要害城市亚特兰大，并从亚特兰大一直打到海边，使南部同盟军闻风丧胆。最后，他从萨凡纳北上与重创罗伯特·李部队的格兰特联邦军会合，完成了对南部同盟军的战略包围。

还在谢尔曼向亚特兰大进军之时，格兰特于1864年5月初，同罗伯特·李在"荒原战役"会战，双方人员伤亡惨重。但格兰特能得到源源不断的补充兵员，而罗伯特·李却后援无望。罗伯特·李眼看大势已去，于1865年4月9日在弗吉尼亚州的阿波马托克斯小镇向格兰特投降。不久，其他南部同盟军将领也先后放下武器，历时4年之久的南北战争宣告结束。

这次战争，就其规模和残酷程度而言，均为美国历史上前所未有的。据统计，联邦政府先后征集220万人入伍，有36万人死亡，有63.5万人受伤；南部同盟征集人数为80万，死亡人数为25.8万人，受伤为38.3万人。双方在财力上总数加起来共耗资200亿美元以上，为1789—1865年联邦政府全部开支的5倍。

经过4年苦战，北部终于在以林肯为首的联邦政府军领导下，打败了南部同盟军，结束了资产阶级和奴隶主联合掌权的局面，资产阶级单独控制了美国政权。从此，美国完全确立了资本主义制度的统治地位。

南北战争所完成的是独立战争未能完成的使命。从这个意义上讲，南北战争是美国历史上的"第二次革命"。由于扫除了奴隶制障碍，美国资本主义经济以前所未有的速度发展起来，美国逐渐成为世界上经济实力最强的国家。

日本明治维新

1861年1月，倒幕派发动政变，宣布"王政复古"，迫使将军德川庆喜把政权交给天皇睦仁。接着倒幕军在京都附近打败幕府军。1861年10月改年号为"明治"，1861年11月天皇由京都迁至东京。从此，统治200年的德川幕府被推翻，天皇专治政府掌握了全国政权。

德川幕府覆灭后，天皇成为全国最高统治者。新成立的天皇政府宣布自己是全国唯一的合法政府。

◆ 明治天皇像

政府中的高级行政官员都由天皇直接任命，并对天皇负责。在这之后，下级武士出身的日本政治家，在天皇的名义下进行了一场资产阶级改革运动。由于时值明治天皇在位，所以起了"明治维新"这个名字。"富国强兵""殖产兴业""文明开化"是明治维新的三大政策。

1868年4月6日，明治政府颁布了内政、外交的基本纲领《五条誓

文》和《政体书》。这是明治政府的两个纲领性文件，它涉及政治、经济、文化、外交和军事等方面。

《五条誓文》规定：（1）广兴会议，万机决于公论；（2）上下一心，盛行经纶；（3）官武一途，以至庶民，各遂其志，人心不倦；（4）破旧有之陋习，基于天地之公道；（5）求知识于世界，大振皇基。

为了实现上述基本纲领，明治政府实行了一系列资产阶级改革，其中比较重要的有以下几个方面。

一、废藩置县，消除封建割据，加强以天皇为中心的统一的中央集权国家

1869年，各地藩主被迫先后版籍奉还，即把领地和户籍（人民）奉还给天皇。旧藩主成为新中央政府任命的藩知事，藩政基本方针必须服从中央。接着，1871年政府强行废藩置县。所有藩知事被解除职务，移居东京，领受俸禄。取消藩国，将全国划分为三府七十二县，由中央委派藩知事直接管辖。这个措施大大加强了国家的统一和中央集权。

同时，新政府作为地主资产阶级的国家机器，发挥了镇压人民的作用。它

◆ 这四幅画反映了明治维新之前社会的四个等级：最高的是武士，其次是农民，然后是工匠，而所有等级中地位最低的则是商人。明治维新实行资本主义性质的改革，大大提高了商人的地位

宣布永远禁止农民结党聚众、强行控诉和相率逃亡。当农民要求把反封建斗争进行到底，在许多地方发动起义时，新政府悍然镇压这些起义。

二、改革封建等级制度，以适应资本主义经济的发展

新政府在废除纯粹的封建土地所有制的基础上，改革了封建等级制度，废除武士等级的部分特权。大名公卿改称华族，一般武士改称士族，农、工、商和贱民皆称平民。1873年后，政府以公债代替各种俸禄。领受公债者31.3

◆ 19世纪中期的日本农民正在田间劳作，农民是明治维新的主力军

万人，发放的公债达1亿7500余万元。华族用公债购买土地，成为地主；或投资于工商业，成为资本家。这种赎买政策实际上使封建私有财产制变成了资本主义私有财产制。

政府取消对农、工、商的限制，承认土地私有权，允许自由买卖土地和种植作物，允许一切人自由选择职业和迁居。这些措施意味着农民摆脱了对封建主的人身依附关系，为日本资本家提供了大量的自

由劳动力，从而为资本主义的发展提供了有利的条件。

三、地税改革，保证政府的财政收入

土地税占新政府收入的80％。为了固定和保证这项收入，1873年政府颁布了地税改革条例。条例规定如下。

（一）旧年贡以土地收获量为标准，水田税缴纳米，旱田税缴纳实物或现款，新地税则改为水旱田一律按地价缴纳现款。

（二）地税的税率为地价的3％。丰年不增收，荒年也不减轻。

（三）旧年贡是向实际农业经营者征收，新地税则不论耕地与否，一律向土地所有者征收。

（四）土地所有者除缴纳地税外，还要缴纳相当于地价1％的村税，地税加村税为土地每年收获量的34％。

这一改革在1876年大体完成，到19世纪80年代初才结束。地税改革是明治政府各项资产阶级改革中的一项重要措施，它加速了资本主义

◆ 明治维新大搞"文明开化"，学习西方。图为东京音乐学院的学生穿戴上欧洲服饰在举行一场西洋音乐会

的原始积累进程，为资本主义发展创造了有利条件。

然而，地税改革丝毫没有减轻农民的负担。政府始终站在地主方面，保护地主对佃农的剥削。好容易取得土地的自耕农，大部分由于交纳不起地税，纷纷丧失土地，沦为佃农。地税改革是促使封建经济转化为资本主义而强制推行原始积累的重要手段。这个改革使政府的财政收入得到保证，使政府有足够的财力供养军队和补贴近代军事工业（财阀）。同时，地税改革使作为天皇

◆ 大政奉还图　1867年,倒幕派从明治天皇手中得到密旨,准备讨伐幕府,并组织了以天皇为首的新政府,即明治政府。幕府表面上同意奉还政权,暗中积极策划反扑。第二年,明治政府军队打败了前来进犯的幕府军队,乘胜摧毁了幕府统治。不久,明治政府迁都江户,江户改名为东京

制政府重要社会支柱的半封建地主制，迅速地确定下来。

四、实行征兵制，建立近代常备军

明治政府在成立初期，提出了"富国强兵"的口号，努力建立一支强大的近代常备军。其目的是镇压士族叛乱和人民起义，也是衡对外侵略扩张。政府首先建立由新政府的士族组成的近卫军，各县在整顿旧藩兵的基础上建立士族军队。1872年11月，开始实行征兵制，向全国人民征兵，建立近代常备军。

天皇制政府从一开始就具有浓厚的军国主义色彩。日本地主资产阶级羽毛尚未丰满，就依靠这支常备军，开始对中国台湾（1874年）和朝鲜（1875年）进行侵略。

五、扶植资本主义工商业，积极引进外国先进技术

为了扩大国内市场和促进资本主义的发展，新政府采取了许多经济措施。例如：废除各

◆19世纪60年代日本反幕府斗争形势图

藩设立的关卡；统一全国币制和邮政；建立示范企业，传授技术；向资本家发放无息贷款，扶植和补助私人企业；聘请外国技师，积极引进外国先进技术。政府为了军事上的需要，特别重视和大力发展军事工业。政府把一些厂矿企业廉价转让给三井、三菱、安田、住友等财阀，促使日本垄断资本急剧形成。

天皇制政府、军阀和财阀紧密勾结，是明治维新后一个十分突出

的现象。因此，从一开始，日本资本主义的发展就带有鲜明的军事特征和军国主义的倾向。日本资本主义迅速过渡为军事封建帝国主义。

六、与列强交涉，收回国权

新政府成立后，努力与列强交涉，力争修改不平等条约，收回国权。1871年，政府派出以岩仓具视为团长的代表团到美欧各国，进行有关修改不平等条约的谈判，但遭到欧美各国的蛮横拒绝。尽管如此，在19世纪70年代新政府先后收回了租借地及铁路修筑权、采矿权、驻军权、租借地警察权等，直到19世纪90年代末，日本才成功地修改了不平等条约，获得与欧美各国基本平等的地位（只有关税自主权等未收回）。

明治维新是日本历史上一个转折点。它标志着日本从封建主义社会过渡到资本主义社会，从封建割据国家变成统一的国家，从半殖民国家逐渐变成独立的资本主义强国。明治维新之所以能够取得这些成就，绝非偶然。倒幕派利用人民的力量，建立了广泛的反幕阵线，通过国内战争推翻了与外国殖民势力相勾结的反动幕府封建统治，建立了地主资产阶级联合专政的新政权。这是实行上述资产阶级改革的首要前提。当时，美国忙于国内的南北战争，英、法等国忙于侵略和争夺比日本资源丰富、市场广大的中国，无暇顾及日本，从而使日本得以乘隙自强。西方资本主义国家各怀鬼胎，对日政策各异，未能采取统一行动或进行联合武装干涉。当时，中国等亚洲人民反封建反殖民主义的斗争方兴未艾，也牵制了西方殖民势力，使它们不能抽调大量兵力进一步干涉日本。这些就是明治维新能够成功的内外条件。

不过，明治维新是一次极不彻底的资产阶级革命，它没有完成资

产阶级革命的任务，从上层建筑到经济基础，保留了许多封建残余，天皇制和半封建寄生地主制就是封建残余的突出表现。尽管如此，明治维新在日本历史上所起的进步作用是不容抹杀的。它改造了日本社会，使日本真正走上了资本主义道路，资本主义生产力飞速发展。它促进了日本近代民族的形成。日本通过明治维新摆脱了半殖民地的束缚，并且对亚洲被压迫的各民族争取民族独立，起到了巨大的鼓舞作用。

第一次世界大战

第一次世界大战于1914年7月28日爆发，到1918年11月11日结束，共有33个国家参加了战争。战争范围从欧洲扩展到亚洲、非洲和美洲。

这是人类历史上第一次世界规模的战争。

战争给交战各国带来了空前的灾难和破坏。战争所造成的破坏更是难以估计。仅在

◆ 坦克在一战中首次被英军使用，图为德国人把缴获的坦克为己所用

1915年至1917年的3年中，德军伤亡和失踪的人数就在300万以上，法军损失270万，英军损失170万。前线的战士和后方的居民在心理上受到了极大的震撼。战争开始时的那种盲目热情和短期战争的幻觉消失了，人们开始普遍怀疑战争的神圣性。从1916年起，交战各国出现了不同形式和不同程度的政治危机。经济极端困难，工人罢工，农民夺地，民族起义连续不断，特别是在中欧集团各国和落后专制的俄国形势更为严峻。1917年俄国相继爆发了"二月革命"和"十月革命"。十

月革命的第二天，1917年11月8日，俄国便向所有交战国提出休战建议，并宣布俄国退出战争。列宁提出的变帝国主义战争为国内战争的口号和俄国革命在各国产生了强烈反响，各国普遍爆发了大规模的工人罢工。德国已处于革命前夕，奥匈帝国即将土崩瓦解。

自大战以来，美国虽然打着中立的旗号，坐山观虎斗，从中渔利，但实际上同协约国的经济关系日益加深。1914—1916年，美国对协约国的出口增加了三倍，而对德奥的出口则减少了99％。经济的好坏，与美国同协约国的利害相关。如果协约国战败，则意味着美国借给英法的亿万贷款将付诸东流。美国有势力的财团强

◆ 一战中背井离乡的比利时难民

◆ 战争让城市变成一片狼藉,图为德国的囚犯在修复被炸毁的道路

烈要求政府支持最大的美国买主和债务人——协约国。同时，德国实行"无限制潜艇战"，也使美国商船受到重大损失。在这种背景下，威尔逊政府便以德国潜艇攻击美国商船、破坏公海自由为借口，于1917年4月6日对德宣战。美国参战后，先后派遣了200万军队开赴欧洲战场。美国海军协同英国海军对德封锁，进行反潜艇战，并在北海布雷，使德国无限制潜艇政策失败。美国对协约国的军火和物资供应迅速增加，这对协约国战胜德奥集团起到重要的作用。

这时，德国面临经济破产，粮食欠收、人民饥饿，反战运动高涨。德国统治集团知道坚持长期战争已不可能，决定趁东线停战之机，把绝大部分部队调到西线，赶在美军尚未到达欧洲之前，发动最后的攻击，争取决定性的胜利。1918年3月到7月，德国在西线投入295个师的兵力，连续发动多次进攻。德军曾几度突破协约国防线，取得一些进展，但未能歼灭对方的有生力量。

从7月中旬起，西线方面的优势都在协约国方面。美国的参战大大增加了协约国方面的力量。自1917年6月起美军陆续抵达法国，到12月底已达18万，1918年3月已超过30万，从4月底开始每月达到30万，8月底已达到100万，协约国方面还是进一步协调了军事行动。1917年11月7日建立最高军事委员会，1918年3月20日任命法国元帅福煦为最高统帅。从此，协约国军队便在福煦统一协调和指挥下向德军发起连续进攻。

7月18日至8月4日协约国军发起第一次大规模反攻，向前推进40公里，占领了苏瓦松，进攻到马恩河一线。8月8日至13日再次在亚眠一

◆ 签署一战《停战条约》的车厢

带发起进攻，第一天联军使用了450辆坦克，席卷德军前沿各师，德军大批投降，后来鲁登道夫称8月8日是"德军最黑暗的日子"。德军战斗力和士气急剧下降。至联军13日进攻时，已在75公里宽的正面推进了10—18公里，消除了德军对亚眠一带的威胁。随后联军不停地进攻，至9月底已突破德军最牢固的防线，德军被俘人数已达25万，德军败局已定。

西线德军节节败退之际，东线同盟各国已纷纷投降。保加利亚于9月29日投降，次日签订停战条款，退出战争。土耳其于10月31日投降。

9月29日，德军总参谋长兴登堡和他的副手鲁登道夫要求德国

政府立即进行停战谈判。10月下旬，奥匈帝国瓦解，捷克斯洛伐克和匈牙利宣布独立，前线的军队拒绝继续作战。同盟国陷入土崩瓦解的困境。

协约国军队继续向前推进，至11月11日签订停战协定时，德军已被赶出比利时西部，法国只有极少数领土仍在德国人手中，协约国军队准备立即向洛林发起进攻。

军事失利加速了德意志帝国的政治危机和崩溃，10月3日德国组成了以巴登亲王为首的新内阁，从10月3日起德国政府多次提出停战谈判。10月8日凌晨，德国代表到达协约国总司令部所在地法国的贡比涅森林进行停战谈判。

协约国总司令福煦将军极为苛刻地对德国提出了停战条件，要求：德军在15天内自所有战领的土地上撤退；德国交出5 000门大炮、30 000挺机关枪、全部海军和空军、5 000台火车头及150 000节车厢、5 000辆汽车；对德国继续封锁；莱茵河左岸的工厂、铁路完整地交给协约国；在全德实施军事管制；等等。

1918年11月11日5时，停战协定签字。协定规定，6小时后停止陆上和空中的军事行动。当天11时，101响礼炮轰然发出一声声巨响，历时4年多的第一次世界大战至此结束了。德国最终以战败国的身份退出了第一次世界大战。

第一次世界大战经历了4年多的时间，不仅给世界带来了巨大的损失，而且大战还改变了世界的政治格局，动摇了帝国主义的统治。俄罗斯帝国、奥匈帝国、德意志帝国、奥斯曼帝国在大战

结束后相继崩溃。

　　大战其实并没有解决帝国主义之间的矛盾，反而促使矛盾更加错综复杂。

第二次世界大战

希特勒在1933年1月30日被德国总统兴登堡任命为德国总理，法西斯主义纳粹党在德国正式上台组建政府。1934年，希特勒自封为国家元首，宣布成立"德意志第三帝国"。从此，他不惜使用一切卑鄙手段对内实行恐怖的独裁统治，对外实行侵略扩张的种族灭绝政策。他幻想通过推行"第二帝国"宰相俾斯麦的"铁血政策"来恢复"第一帝国"，即神圣罗马帝国鄂图王时的疆域版图。他狂妄地声称，他要霸占全球，征服全世界。

1939年，他首先向波兰举起了血淋淋的屠刀，悍然发动了第二次世界大战。

1939年8月31日夜晚，一支德国党卫队穿着波兰军服，伪装成波兰军队，攻占了德国边境的一座电台，并用波兰语广播发布反德声明。这就是德国秘密警察组织盖世太保一手炮制的"格莱维茨电台事件"。

◆ 希特勒

随即，希特勒宣称德国受到了波兰的"侵略"，命令德军进攻波兰。

9月1日凌晨，早已整装待命的150万德军、2 000多架飞机和2 000

多辆坦克，分两路以"闪电战"的阵势大举入侵波兰。

波兰军队仓促应战，500架第一线飞机还没来得及起飞，就被炸毁在机场上。大批的军用物资还没来得及撤走，就被德军缴获。部队之间的联络，全被德军切断，波兰陷入一片混乱。不得已竟出动了骑兵去冲击现代化的铁甲战车——坦克部队，结果是人仰马翻，一败涂地。这是希特勒首次使用闪电战，很快便突破了波兰军队的防线，占领了大片土地。波兰政府首脑见大势已去便逃亡国外。28日华沙沦陷。根据苏德秘密条约，波兰被德国和苏联两国瓜分。

希特勒为了彻底扼杀波兰，决定在军事征服的同时消灭这个民族。他指示他的私人卫队——党卫队的希姆莱要首先消灭波兰的精英，"决不可使波兰复活，必须消灭波兰的贵族，消灭从小学教师到大学学者的知识分子"。波兰人民遭到了血腥的屠杀。

希特勒征服波兰后，第二次世界大战全面爆发。

第二次世界大战是由德、意、日三个法西斯国家企图重新瓜分世界挑起的。1931年9月18日，盘踞在中国沈阳的日本关东军向当地中国驻军发起进攻，首先揭开了第二次世界大战的序幕。1935年，意大利法西斯独裁者发动了侵略埃塞俄比亚的战争，之后又武装干涉西班牙。1936年11月25日，德、日签订了"反共产国际协定"。一年后，意大利也加入了这个协定。1940年9月27日，三国在柏林正式签订了《德日意三国同盟条约》。这个军事政治集团自称为改造世界秩序的轴心，故称"轴心国"。

波兰是英美的同盟国。1939年9月3日，英法对德宣战。1940年，德国在西线发动一系列的闪电攻势，侵占了大半个欧洲，迫使英军撤出西欧大陆，意大利趁机夺取了英法在地

中海和北非的殖民地。1941年6月22日，德国突然进攻苏联，苏德战争爆发。英美宣布支持苏联，逐步形成反法西斯联盟。1941年12月7日，日军偷袭珍珠港，太平洋战争爆发。12月8日，美、英对日宣战，德、意对美宣战。由于中国战场担负着抗击日本侵略的主要任务，英、美在太平洋有了喘息的机会。1943年2月，苏联取得斯大林格勒保卫战的胜利，从而扭转了第二次世界大战的战局。1943年9月，意大利投降。1944年6月，英美军队在诺曼底登陆成功，开辟了欧洲第二战场。1945年初，苏军和英美军队分别攻入德国本土，5月8日德国无条件投降。8月6日和8月9日美国在日本先后投下两颗原子弹，8月8日苏联对日宣战。8月15日日本宣布投降，9月2日签署投降书。第二次世界大战以反法西斯各国人民的胜利而告终。

第二次世界大战有60多个国家和地区、20亿以上的人口先后卷入战争。这次大战历时6年，战场遍及三大洋、四大洲，参战的军队达1亿余人，军队死亡1 690余万人，居民死亡3 430余万人，合计死亡5 120余万人，是人类历史上规模空前的一次战争。

联合国的建立

联合国是在第二次世界大战的隆隆炮火中诞生的，它把世界各国紧密联合在一起。它的成立有着重要的意义，它的目标不仅是打败共同的敌人，而且要建立一个永久的有着普遍安全制度的世界秩序。

◆ 联合国标志

1939年9月1日，德国进攻波兰，第二次世界大战爆发。之后，德国在10个月之内就先后占领了丹麦、挪威、荷兰、比利时、卢森堡。接着，在攻下法国之后又开始对英国进行大规模空袭，使英国面临危亡。1941年6月22日，德国又对苏联进行大规模突然袭击，把战争扩大到整个欧洲。

紧迫的战争形势要求所有遭受侵略和爱好和平的民主国家联合起来，共同抗击法西斯的侵略。1941年8月，美国总统罗斯福和英国首相丘吉尔举行会晤并发表了"大西洋宪章"。1941年12月7日太平洋战争爆发，美国正式参战，罗斯福与丘吉尔为协调各反法西斯国家之间的行动，共同草拟了一个有关各国应该共同遵守的宣言，并取得了苏联方面的支持。于是，在1942年1月1日，美、英、中、苏等26个参战国

家在美国华盛顿的总统府邸白宫共同签署了这个宣言，即《联合国家共同宣言》。宣言宣布，各签字国保证运用本国的全部军事、经济及其他资源的力量同法西斯国家作战到底。各签字国互相援助，不与敌国单独缔结停战协定或合约。26国的《联合国家共同宣言》虽是针对法西斯国家的，但却为联合国的建立奠定了基础。

1943年，同盟国在各个战场都取得了具有战略意义的胜利。为了解决战争后期的一些实际问题，美、英、苏三国决定召开外长级会议。这年的10月19日至10月30日，美国外长赫尔、英国外长艾登、苏联外长莫洛托夫及一些高级参谋人员在莫斯科召开会议。会议所签署的文件征得中国同意，中国驻苏联大使傅秉常受权与三国外长共同签署了这个文件，即《中苏美英四国关于普遍安全的宣言》。宣言中有这样一段话：

◆ 联合国总部大楼

"他们认为必须在最短期间，根据一切爱好和平国家主权平等的原则，建立一个普遍性的国际组织，所有这些国家不论其大小，均可加入为成员国，以维持国际和平与安全。"

这个宣言实际上提出了建立联合国的基本想法和原则。中、

世界上下五千年
SHIJIESHANGXIAWUQIANNIAN

苏、美、英四国也就成了建立联合国的发起国。

一年以后的1944年8月，中、苏、美、英四国代表又在美国首都华盛顿附近一个叫敦巴顿橡树园的古老庄园里召开了会议，进一步讨论建立一个普遍性的国际组织等问题。会议分为两个阶段，第一阶段为8月21日至9月28日，第二阶段为9月29日至10月7日。会议根据莫斯科宣言的精神，讨论了"关于建立普遍性国际组织的建议案"。对于新建立的国际组织的名称，建议使用1942年1月26日华盛顿会议所使用的"联合国家"这一名称。对这一组织的机构，建立全体成员国大会，由全体成员国代表组成；设立安全理事会，由美、苏、中、英、法5个常任理事国和大会选出的6个非常任理事国组成；秘书处为联合国的常设机构；国际法院为联合国的司法机构。在安理会5个常任理事国的表决权问题上，苏联和美、英等国发生了争执，因此这次会议没有解决表决松问题。

当时的5个常任理事国只有苏联一个是社会主义国家。所以，在很多问题上，它只是少数，如果按照"少数服从多数"的原则，苏联必定吃亏。因此，苏联一直主张一票否决制，即在常任理事国表决时，只要有一个国家反对，表决就无效。此外，苏联又提出让它的两个加盟共和国——乌克兰和白俄罗斯直接成为联合国成员。这样，苏联就可以有三票的表决权，这一提案美、英两国都不同意。

双方争执不下的两个问题一直没有解决。直到1945年2月，在苏联的雅尔塔会议上，罗斯福和丘吉尔考虑到要争取苏联，彻底击败德、日结束战争，才同意了苏联的建议。于是，约定4月25日在美国的旧金山召开世界各国反法西斯国家代表大会，讨论成立联合国问题。

1945年4月25日，来自世界各地150个国家的代表共850人以及1 800多名各国记者齐集旧金山歌剧院大厅。当时虽然下着小雨，但成千上

◆ 联合国大会会场

万的美国市民伫立歌剧院的外面，等待着开幕式的开始。当代表们进入会场时，人们纷纷为他们抛撒鲜花，表达人们心中的喜悦和对各国代表的欢迎。在开幕式结束后，代表们走出会场时，人们热烈地欢呼"和平！和平！"

会议通过了《联合国宪章》，确定这个宪章在1945年的10月24日生效。于是，10月24日便成为联合国成立的纪念日。

联合国成立后，美国诗人罗梅，依据《联合国宪章》的精神，用苏联作曲家肖斯塔科维奇《相逢之歌》的乐曲，重新填词创作了一首《联合国歌》，歌词如下。

太阳与星辰罗列天空，

大地涌起雄壮歌声。

人类同声歌唱崇高希望，

赞美新世界的诞生。

奋起解除我国家束缚，

在黑暗势力压迫下，

人民怒吼声发如雷鸣，

如光阴流水般无情。

太阳必然地迎着清晨，

江河自然流入海洋。

人类新世纪已经来临，

我子孙多自由光荣。

联合国家团结向前，

义旗招展，为胜利自由的新世界，

携手并肩。

联合国设立了联合国大会、安全理事会、经济及社会理事会、托管委员会、国际法院和秘书处六大机构。

◆ 曾任秘书长安南

到目前为止，全世界已有190多个国家加入联合国。联合国总部目前设在美国纽约最繁华的曼哈顿区，大厦高达154m，共39层，大厦前飘扬着世界各国五彩缤纷的国旗。

联合国是在人类反法西斯战争结束前夕特定的国际关系的产物。中国是联合国的创始会员国，中国共产党及解放区的代表董必武，作为中国十人代表团的成员，参加了这次创建联合国的重要会议，并在宪章上签了字。但中华人民共和国在联合国的合法席位直至1971年才

得到恢复。

联合国大会每年9月的第三个星期二在纽约举行。根据宪章规定，申请加入联合国的国家，经安理会推荐并由联合国大会2／3的多数通过，即可成为会员国。至2001年，联合国已拥有会员国143个。

联合国是国际政治史上规模最大、最为普遍的一个国际组织。20世纪60年代以后，大批第三世界国家陆续加入联合国，成为联合国的骨干力量。联合国维持国际和平与安全的作用也随之增强。

联合国的建立使世界进入一个新的阶段。它对维护世界和平，发展国际间的友好关系及促进国际间的合作，都起到了积极作用。联合国的出现使世界更有秩序。

万隆会议

第二次世界大战后，亚非地区的民族解放运动空前高涨，到1955年，已有十几个国家宣布独立。为了巩固和推进民族独立运动，1954年3月，印度尼西亚总理沙斯特罗阿米佐约建议召开亚非会议，即万隆会议。同年4月和12月，新独立的南亚五国：印度、印度尼西亚、缅甸、锡兰和巴基斯坦的总理先后在锡兰（今斯里兰卡）科伦坡和印尼茂物举行会议，就召开亚非会议进行专门研究。茂物会议决定1955年4月在万隆召开亚非会议。

此次会议决定邀请亚非国家的政府首脑或他们的代表参加。此外，他们还宣布了召开亚非会议的目的和宗旨：促进亚非各国之间的友好合作与睦邻关系；商讨与会各国社会、经济和文化的发展问题；研究有关民族主权、反对种族主义和殖民主义、促进世界和平等问题。

会议决定邀请中国、越南民主共和国、南越、阿富汗、柬埔寨、老挝、日本、菲律宾、泰国、尼泊尔、伊朗、也门、沙特阿拉伯、伊拉克、叙利亚、黎巴嫩、约旦、土耳其、埃及、苏丹、埃塞俄比亚、黄金海岸（今加纳）、利比亚、利比里亚、中非联邦参加。被邀请的这些国家除中非联

◆ 万隆会议会场——万隆独立厅正门

邦因"环境困难"不能与会外，其余国家都同意参加会议。

1955年4月18日至24日，亚非会议在万隆隆重举行，有29个国家340名代表出席了会议。印度尼西亚总统苏加诺致题为《让新亚洲和新非洲诞生吧》的长篇开幕词。他呼吁："亚洲和非洲只有团结起来才能得到繁荣，如果没有一个团结的亚洲和非洲，甚至全世界的安全也不能得到保证。"他强调彼此谅解，"从谅解中将产生彼此间更大的尊重，从尊重中将产生集体的行动。"

苏加诺说，这是人类有史以来第一次有色人种的国际会议，是亚非人民长期流血牺牲、英勇奋斗的成果。但殖民主义者还没有死亡，世界上反殖民主义的斗争还没有取得完全胜利。他呼吁亚洲各国和非洲各国团结起来，实现完全的独立和繁荣。

会上，大多数代表的发言谴责新老殖民主义、帝国主义和种族主义，强调民族独立、各国和平共处和团结合作。因此，会议遭到帝国主义的竭力挑拨和破坏。

美国不是与会国，却派出70多人的"记者团"来到万隆，企图利用亚非国家社会制度的不同、意识形态的差异、殖民统治所造成的隔阂，制造分歧，破坏会议。

某些国家的代表在美国的唆使和影响下，说什么亚非国家和人民面临的问题不是反殖民主义，而是"共产主义威胁"和"颠覆活动"等，影射、攻击中国，企图用阴谋挑起争端，达到破坏会议的目的。中国代表团团长、中国人民共和国政府总理兼外交部长周恩来，针对帝国主义的阴谋，在会议上提出"求同存异"的方针。他说，中国代表团是来求同而不是来求异的，这个求同的基础就是亚非绝大多数国家和人民自近代以来都曾经受过、并且现在仍在受着殖民主义所造成的灾难和痛苦，从解除痛苦和灾难中找到共同基础，我们就很容易互

相了解和尊重、互相同情和支持，而不是相互疑虑和恐惧、互相排斥和对立。

周恩来的发言使会议取得极大成功。主持会议的沙斯特罗阿米佐约及尼赫鲁、缅甸总理吴努等许多国家的著名政治家离开座位，前来同周恩来总理握手拥抱。那些在会上曾攻击过中国的代表也主动同周恩来握手，并表示歉意。

1955年4月24日，会议代表一致通过了《亚非会议最后公报》。公报宣布殖民主义是一种应当迅速予以根除的祸害，并倡议以和平相处十项原则作为国与国之间和平相处、友好合作的基础。亚非会议顺利闭幕。

亚非会议是亚非历史上第一次在没有西方殖民主义国家参加的情况下举行的国际会议。它反映了亚非人民团结起来反殖民主义、反帝国主义、争取民族独立、维护世界和平、加强各国人民之间友好和合作的精神，这就是"万隆精神"。

亚非会议是第二次世界大战后新兴的政治力量登上国际关系舞台的重要标志，它宣布新独立的国家要奉行独立自主、和平中立的外交政策，这种要求终于成为强大的国际政治潮流，随后又发展为非集团的不结盟运动，并形成第三世界力量。

总之，亚非会议取得了重大的成就，它具有不可磨灭的历史意义。

欧洲联盟成立

1958年成立欧洲经济共同体，1967年去掉"经济"两字，改名为欧洲共同体。到20世纪90年代参加国已从原来6个发展到18个，人口达3亿，贸易量占全世界的1／3强成为世界上最强大的经济集团。1989年东欧剧变之后，欧共体更被东欧各国看作经济救星，争相同它建立联系，甚至希望参加进去。

◆ 2003 年 1 月 22 日，德国总理施罗德(左)和法国总统希拉克(右)在法国巴黎召开记者招待会，庆祝《法德爱丽舍友好条约》签订 40 周年。随着欧盟的崛起，德、法这两个欧盟的火车头在世界政治舞台上的声音也越来越大

欧洲联盟是在欧共体的基础上成立的，简称"欧盟"。成立于1993年11月1日的欧洲联盟，很快就发挥了它的巨大作用。

20世纪90年代初，东欧剧变，东西方冷战对峙局面结束，美国和

◆ 欧盟会徽

日本成为西欧各国的主要竞争对手。面对新的机遇和挑战，西欧任何一国都难以独自对付，只有深化联合才能在未来的竞争中处于有利地位。同时，欧共体即将建立统一大市场，也需要进一步加强经济政策上的协调，扩大政治方面的合作，来巩固发展一体化进程。在这种形势下，法国总统密特朗和德国总理科尔于1990年4月共同倡议建立欧洲政治联盟。同年召开的欧共体首脑会议认可了这一倡议，并确定了政治联盟的基本内容。这以后，展开了双边和多边的磋商。1991年12月9日至10日，欧共体首脑会议在荷兰的马斯特里赫特召开。经过激烈争论，各方都作了一些妥协让步，最后签署了《欧洲经济与货币联盟条约》和《政治联盟条约》等条约，总称《欧洲联盟条约》，即《马斯特里赫特条约》。

《政治联盟条约》规定：西欧联盟隶属欧洲政治联盟，是欧洲政治

联盟的防务机构，负责制定欧洲的防务政策，并与北约保持一定联系。实行共同外交和安全政策的具体领域将由欧共体12国首脑会议或外长会议一致确定，具体实施措施将通过特定多数表决制决定。

《欧洲经济与货币联盟条约》确定了经货联盟的最终目标，建立欧洲经济货币联盟的关键是统一货币。条约规定实行欧洲统一货币和建立独立的欧洲中央银行分三个阶段进行：1990年7月1日到1993年年底为第一阶段，争取所有成员国的货币加入欧洲货币体系汇率机制，取消外汇管理机制，实行资本自由流通，协调各国经济、财政政策。1994年1月1日至1997年为第二阶段，其任务是建立独立的欧洲货币机构和完善其组织体制，监管各国财政、货币政策和外汇储备，为将来

◆ 欧盟总部大楼

建立独立的欧洲中央银行做准备。但它不得干预仍由各国中央银行负责的货币政策和稳定币值的责任。第三阶段是1997年至1999年，逐渐实行统一的货币和建立独立于各国政府之外的欧洲中央银行。

1991年马斯特里赫特会议的召开在欧洲一体化进程中是一件具有里程碑意义的事件。会议通过的《欧洲联盟条约》，实际上为欧洲人画出了一个欧罗巴合众国的蓝图。

1993年11月1日，欧共体12国签订的《欧洲联盟条约》正式生效，一个联合欧洲12个国家、涵盖3.4亿人口的联盟从此诞生了。

欧盟成立后，立即着手贯彻其"大欧洲"的进程。然而，由于各成员国参差不齐，加之时逢经济衰退，因此"大欧洲"进行得非常不顺利。

各国想降低利率，扩大投资，促进经济复苏。但德国马克坚挺，银行实行高利率。其他国家的货币受到巨大压力，难以同马克一起浮

◆ 100欧元正面

动。英镑和意大利里拉于1992年9月率先退出欧共体货币体系。法郎也受到冲击，自身难保。欧共体为维护自身的汇兑机制，于1993年8月，决定将各国货币对中心汇率的上下波动幅度由2.25％扩大为15％，即扩大了五倍多，这几乎使欧洲货币体系瓦解。

不久，欧盟各国经济出现复苏。1994年1月1日，经济货币同盟仍按预定日期进入第二阶段，成立了欧洲货币局，并确定德国的法兰克福为欧洲货币局的所在地。

◆ 2003年1月17日,比利时港口城市安特卫普的码头工人举行罢工等活动,抗议欧盟的自由经济计划

同时，欧共体还积极发展同欧洲自由贸易联盟的关系。欧洲经济区于1994年1月1日正式成立，它包括欧共体12国和欧洲自由贸易联盟的奥地利、芬兰、挪威、瑞典、冰岛等。

1995年1月1日，欧洲联盟正式接纳奥地利、芬兰和瑞典为成员国，挪威虽也同欧盟达成入盟协议，但未能获得全民公决的认可而继续留在欧盟之外。新加入欧盟的三国是富国，它们的加入使欧盟的国民生产总值达到与北美自由贸易区的产值大体相当的程度。三国长期执行中立政策，同东欧国家有较密切的联系。扩大后的15国欧洲联盟，其影响和地位明显增强。

1999年3月，波兰、匈牙利、捷克三国正式加入欧盟。至此，欧盟成员国扩大至18国，在国际舞台上影响更大。

进入21世纪以后，欧盟的势力更大，其统一货币——欧元也在千呼万唤中浮出水面，这标志着欧洲一体化的进程又向前迈进了一大步。